图1　做好安全教育培训

图2　安全知识需从小培养

图3　防溺水能力训练

图4　要注意观察自然现象的变化

图5　加强体育锻炼，增强孩子体质

图6　让孩子从小就有防止性侵害的知识

让生存

能力使孩子健康成长

总主编：周文彪

生存与发展

Survival and Development

主　编：刘义光　黎邓

中国纺织出版社有限公司

内 容 提 要

本系列丛书共分为《教育与创新》《规矩与成长》《品德与分数》《知识与财富》等10个分册。每章节的论述都以著名教育家陶行知先生经典小故事为引导，分别提出论点、论据，彰显了教育家言行一致的风格。每章结尾处又以陶行知本人的行为规范为楷模，不仅能使读者读懂理论，还能感染父母体会“学为人师，行为世范”的家教风格，进一步揭示了“父母的行为要成为孩子的楷模”这一育子理论，加深了读者的深度思考和理解。

图书在版编目（CIP）数据

陶行知生活教育系列丛书. 生存与发展 / 周文彪总主编；刘义光，黎邓主编. -- 北京：中国纺织出版社有限公司，2021.12

ISBN 978-7-5180-9215-4

Ⅰ. ①陶… Ⅱ. ①周… ②刘… ③黎… Ⅲ. ①生活教育—儿童教育—家庭教育 Ⅳ. ①G78

中国版本图书馆CIP数据核字（2021）第263877号

策划编辑：闫　星　　责任编辑：刘桐妍　　特约编辑：符　芬
责任校对：高　涵　　责任印制：储志伟

中国纺织出版社有限公司出版发行

地址：北京市朝阳区百子湾东里A407号楼　邮政编码：100124

销售电话：010—67004422　传真：010—87155801

http://www.c-textilep.com

中国纺织出版社天猫旗舰店

官方微博 http://weibo.com/2119887771

三河市延风印装有限公司印刷　各地新华书店经销

2021年12月第1版第1次印刷

开本：880×1230　1/32　印张：63.75

字数：1040千字　定价：398.00元（全10册）

•行为养成
•职业感知
•兴趣爱好
兴趣培养
•学习能力
•兴趣特长
•职业认知
行为习惯
•职业规划
•科普知识
•职业体验
社交知识
•人文地理
•礼貌礼仪
•职业习惯
职业发展
学做真人
生存能力
理财能力
分析能力
组织能力
演讲能力
表达能力
管理能力
专业能力
设计能力
创新能力
创造能力
影响力
激励力
组织与授权
监控与检查
灵活应用
个人体验
生活经验
领导经验
管理经验
跨学科知识
产业中的教育感悟
专业导向产业延伸
获取
·知识
·技能
·收入
储存
职业体验
·标准化
·流程化
·科研化
·智能化
应用
培养企业拿来即用的
人
·个人形象
·维护与辩护能力
·冲突管理
·团队工作能力
·客户导向意识
·角色管理
·时间管理
·沟通管理
·目标管理
·激励管理
·绩效管理
·技能教练
基础教育
·自我定位
·智能管理
·科技创新
·知识传播
生存与发展
企业体验
产教融合
院校教学
岗位体验
职业体验
智商：
认识客观事物，运用知识解决实际问题的能力，掌握处理业务工作所需的技术和工具
情商：
具备处理自己与他人关系的能力
智能养身
运动场
游泳池
健身馆
药膳堂
养生馆
MR体验
职业感知
职业认知
科学实验
技术革新
数学应用
艺术熏陶
创新思维
创新创业
品德修炼
心理调节
情操感悟
教育中的产业渗透
教人求真
社区教育
·教育与创新
·规矩与成长
·品德与分数
·知识与财富
·行为与性格
·尊重与情商
·勤奋与责任
·生存与发展
·音乐与人生
·表扬与批评
·专业与职业
·健康与人生
·安全与生产
通过产教融合，归纳演绎出：团队竞争力和创新、创造力
形成寓教于乐的教育特色：产教融合、协同育人
“三识”
学识
见识
胆识
显性知识：理论、通用（知道）
隐性知识：经验、教训（会用）
《生存与发展》框架结构图

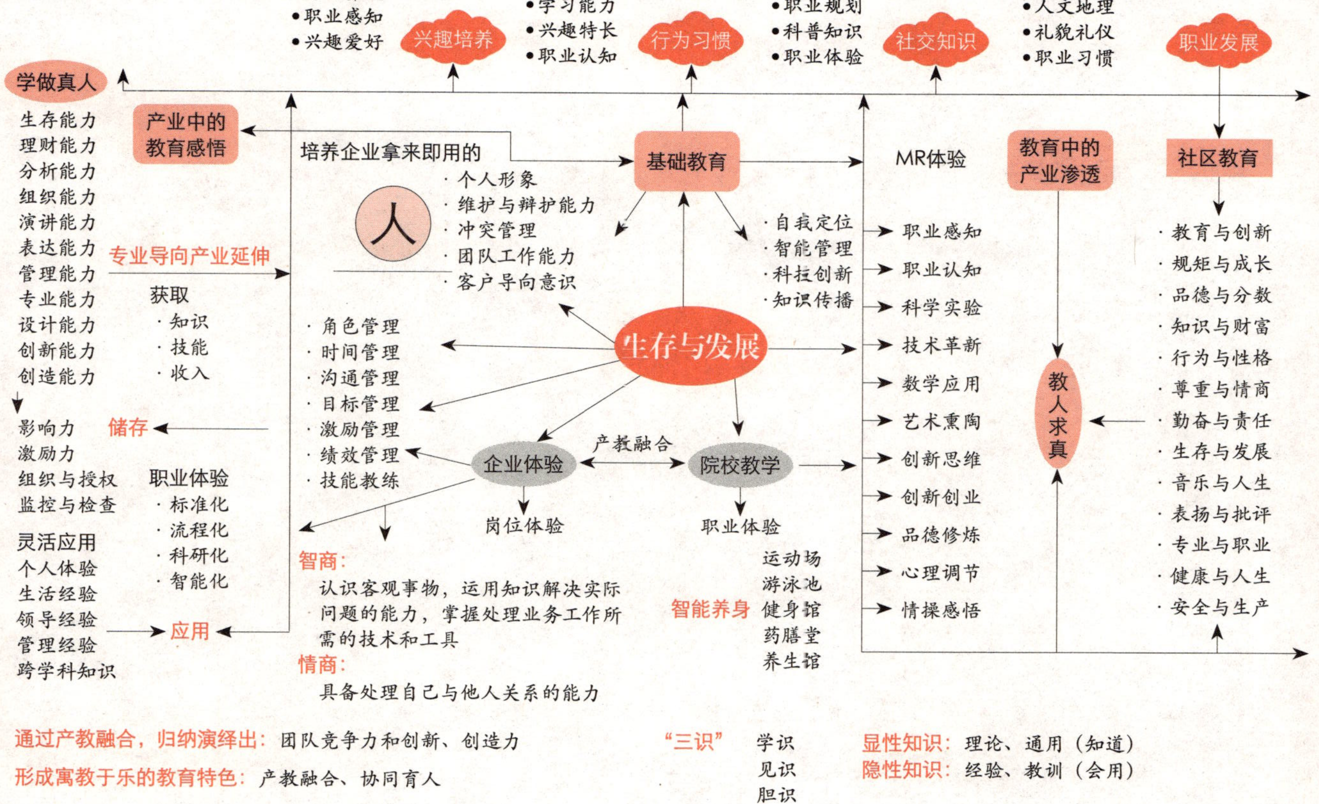

TAO XING ZHI SHENG HUO

《陶行知生活教育系列丛书》

JIAO YU XI LIE CONG SHU

各分册主编

第一分册 《教育与创新》 主编 郭洪飞 赵明

第二分册 《规矩与成长》 主编 罗碧华 杨秀丽

第三分册 《品德与分数》 主编 周文彪 张平原

第四分册 《知识与财富》 主编 刘建清 周苹

第五分册 《行为与性格》 主编 刘馨阳 郭洪飞

第六分册 《尊重与情商》 主编 周蔷 李嘉玉

第七分册 《勤奋与责任》 主编 周志平 秦承敏

第八分册 《生存与发展》 主编 刘义光 黎邓

第九分册 《音乐与人生》 主编 张炜 蒋菡 何薇

第十分册 《批评与表扬》 主编 陈京平 张炜

序一

闻悉周文彪先生任总主编的《陶行知生活教育系列丛书》付梓出版，尤其是将家庭教育融入陶行知生活教育思想非常必要。为众多父母在子女教育上坚持“行知合一”，用自己的行为做孩子的楷模提供了良好的借鉴。

随着《中华人民共和国家庭教育促进法》的颁布与实施，重视智力发展，忽视道德培养；重视知识学习，忽视能力培养；重视书本知识学习，忽视劳动实践；重视孩子智力发展，忽视情商培养；重视特长培养，忽视全面发展；重视身体健康，忽视心理健康；重视饮食营养，忽视身体保健的倾向越来越没有了市场，众多教育工作者逐步走向培养孩子全面发展的轨道。

父母与孩子的关系就好比土地和禾苗：土地肥沃，禾苗就茁壮；土地瘠薄，禾苗就瘦弱。家庭教育也是如此，父母的行为时时都在感染、熏陶和“塑造”着孩子的人生，孩子的行为、习惯、个性、性格也正是在父母行为的影响下逐步形成的。

大家都希望自己的孩子能接受到更好的教育，成为更优秀的人，这是为人父母的期望，也是整个教育事业必将要达到的目标，因此，我们万万不可忽略父母行为对孩子的影响。

在众多家庭教育中，有成功的经验，也有失败的教训，很多父母对孩子的期望总会产生极大的落差，其中的原因是什么呢？

一则对孩子的期望值过高。不计其数的父母盲目坚守着“望子成龙、望女成凤”的观念，孩子一入学就对他们提出：一定要考多少分，保持班上前几名，初中要考取某某名校，大学要考上985、211，毕业后要从事某高科技、高科研、高薪资的工作，结果，期望值越高，失望越大。

二则对孩子娇生惯养。很多孩子在家“称王称霸”，在外“一事无成”。其原因就是父母总是把孩子看作“温室里的花草”，对孩子提出的条件无限制地满足，平时这也不让做，那也不让做，忽略了孩子自身的锻炼，致使孩子一旦离开父母，走向社会，连最起码的生活自理能力也没有了。

三则对孩子放任自流。有些父母虽然与孩子住在一个屋檐下，同吃一锅饭，却很少交流，一旦交流就是“考多少分？全班第几名？”孩子做不到，就“一顿唠叨或讽刺挖苦”，这种不注意孩子的心理调适，一味压制，到头来孩子只好选择不和父母交流，有的甚至不想往来，还有的父母与孩子竟然像陌生人一样，孩子也干脆不和父母在一起。

四则对子女过度殷勤。随着生活水平的提高，很多父母对孩子过于殷勤，如吃饭的时候，总是喜欢将椅子、碗筷摆好，饭菜盛好，还有的孩子已经上小学了，还要靠父母喂饭吃。

五则用金钱替代教育。父母用金钱替代教育的现象不占少数，我们是否可以静下心来想一想：这样做究竟给孩子带来的是什么？存款、股票、房产、产业，等等？如此下去，孩子将来又会走向何方？培养孩子全面发展岂不是成了一句“空谈”？

特别引以注意的是：一些父母竟然混淆了家庭教育与学校教

育的关系。把孩子成才的期望全部寄托于学校，错误地认为教育就是学校的事，孩子只要考高分，上个好大学，将来就一定能有个好职业。这个误区实在可怕，大家要明白：家庭是教育的最基本、最基层的单位，学校教育是辅助家庭培养孩子成才的，家庭教育与学校教育的区别只是环境不同、教育者与受教育者之间的关系不同、教育者自身的条件不同、教育内容不同、组织管理不同，家庭教育具有广泛的大众性、强烈的感染性、特殊的权威性、鲜明的针对性、天然的连续性以及人生幸福的继承性和教育的终身性与教育方法的灵活性。

《陶行知生活教育系列丛书》在研究陶行知生活教育思想的基础上，对于家庭教育进行了进一步的深入挖掘、整理和延伸，指出了家庭教育在整个生活教育中的地位和作用，突出了陶行知“追求真理做真人”的为人之道，涵盖了早与迟、宽与严、言与行、家与校等多个层面，给父母在子女教育中以启发。

这套丛书从“品德培养要从健康行为开始”“让规矩陪伴孩子成长”“时刻提醒孩子规范自己的言行”“比考试分数更重要的是品德”“给孩子金山不如给知识，再富也别富养孩子”“知识转化为生产力才有力量”“不要忽略创新在教育中的作用”“对孩子的情商培养要从尊重开始”“让孩子在挫折中求生存”“不要忽视孩子生存能力的训练”10个侧面，提出了一系列比较现实的教育观点，通过生活中的一个个典型案例，论述了父母的行为与孩子成长的辩证关系，比如：父母自身素质、教养态度、教育能力、家庭生活条件、家庭成员之间的关系、家庭的社会背景和社会风气、家庭中错综复杂的冲突与矛盾等。促使父母更加重视“家庭教育的优势与劣势”“独生子女教育的优劣”“爱而不娇”“严而有格”“该管则管，该放则放，管放结合”“发展特长和全面发展”“言教和身教”“说服和实践”“掌握分寸选择机会”等重要问题。

在本套丛书即将发行之际，我们期望父母通过本书的阅读，提升家庭教育观念，支持孩子进行科学、文明、道德的修炼，使之在更多的学习活动中获得更多的自主权，从事更加有益的实践活动，在家庭教育中获得课堂上无法获得的知识和能力，使孩子的个性、知识、人格、情操、体质诸方面得以健康发展，让家庭教育与学校教育相辅相成、互相促进、相得益彰，促使孩子德、智、美、体、劳全面发展。

（俞启定　国内首批获得教育学硕士、博士学位的博士生导师，北京师范大学著名教授）

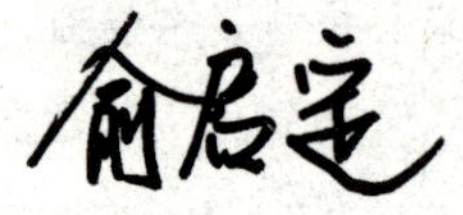

2021 年 11 月 28 日

序二

《陶行知生活教育系列丛书》即将付梓出版，应丛书总主编周文彪先生之邀，特写上以下一番话，表达祝贺之意。

萌芽于1918年，成型于1927年的“生活教育”理论，是陶行知教育思想的核心。

“生活教育”理论是陶行知作为中国现代教育先驱的思想理论基础，开展对“生活教育”理论的深化研究是极具意义的！生活决定教育，教育必须改造生活。“从定义上说，生活教育是给生活以教育，用生活来教育，为生活的向前向上的需要而教育”。

“生活教育”是活教育。“书是不可以死读的，但是不能不活用。”

“生活教育”是“大教育”。它是包括社会、学校、自然、家庭的整个的教育。

“生活教育”是融合教育。通过德智体美劳、军（军事训练）的融合，让学生成为真善美、智仁勇结合的“整个的人”。

陶行知认为，“知识与品行分不开，思想与行为分不开，课内与课外分不开，做人做事与读书分不开，即教育与训育分不开”。求知、品格、赋能的有机结合是学育方式变革的根本途径。

“生活教育”也是“与时代俱进”的教育。唯有与时代俱进，才能成为促进社会不断发展的现代人。

陶行知先生创立的“生活教育”理论，已经成为时代的显学。它揭示了教育的本质，阐明了教育的职能，把握了现代教育的特征与趋势，极具当代价值，也成为新时代教育改革发展的“路向”之一。

在当代，如何深化研究传承“生活教育”思想？可以说，文献式地把陶行知先生的文章、讲话、书信、诗歌等文献资料结集出版的任务已基本完成，诠释式的解读则远远不够！联系实际研究、践行陶行知思想的传承，即把陶行知思想及其教育主张深化研究，汲取其中的思想内核、当代价值并与当代教育实际紧密结合，瞄准当下教育的新问题、新课题，探索教育改革的新思路、新路径尤为重要。

陶行知本身是教育实践的行动家，其教育思想在本质上是一种实践的教育学说，理论与实际结合是“生活教育”的生命力所在，只有从“行知合一”上理解其思想实质，从理论与实践的结合上深化研究，在学育方式变革上深化改革，才是真研陶！

生活是向个体敞开的含有情境和价值的意义总体，包括：教育生活、社会生活、自然生活，当然也包括家庭生活。我国最早在1903年的《教育泛论》中就提出家庭教育、学校教育、社会教育同为国民教育的三大支柱。

学校教育是教育制度的重要组成部分，起主导作用；社会教育是指一切影响于个人身心发展的社会教育活动，起重要辅助作用；家庭教育则是生活中家庭成员之间相互的影响和教育，有着不可替代之作用。

陶行知先生是把三者有机结合的典范。在重庆育才时，其子陶晓光去找工作，因没有文凭，就找人开了张文凭证明。

陶行知先生知晓后非常生气，对其子说：“宁做真白丁，不作假秀才”，迅即让其退掉。1940年11月5日，陶行知在写给陶晓光的信中说：“城（即其四子陶城）每星期六到堡，我也每星期六来一次，教他一些处事待人之方。”

家庭是重要的教育场所。孩子在家的时间远超过在校时间，家庭的环境，父母的行为无时不在影响着孩子的成长；家庭是孩子的第一所“学校”，父母是孩子的第一任导师，而且是一生永恒的导师。学校的教师是可换的，而父母是无法替换的，父母不但给孩子以生命，而且还要塑造孩子的内心世界。学校里一个班，教师要管理四五十个孩子，家庭一对父母只教育一个孩子，而且孩子接触最多的又是父母，对孩子影响最大的也是父母。一个孩子的健康成长将凝聚着家庭几代人的期望，作为一个家庭，把孩子教育好，比什么都重要。

《陶行知生活教育系列丛书》共分10册，依托伟大的人民教育家陶行知先生提出的“生活即教育”“社会即学校”“教学做合一”的教育思想，列举了现实生活中的大量案例，反复论证了“教育与创新”“规矩与成长”“品德与分数”“知识与财富”“尊重与情商”“勤奋与责任”“生存与发展”“音乐与人生”等之间的逻辑关系，强调了父母培养孩子成长、成才的作用，突出了言传身教、行胜于言的风格，提示大家：父母的行为要成为孩子的楷模！使读者不仅读懂家庭教育理论，还渗透了“学为人师，行为世范”的育人风格。

《陶行知生活教育系列丛书》抓住了陶行知思想内在价值与当下教育的契合点、创新点，拓宽了陶行知研究的新领域，较好地回答了当下教育尤其是家庭教育面临的难点、重点问题，在研究的广度、深度上有了新的拓展。内容符合未成年人家庭教育的需要，具有鲜明的时代特征，贴近生活，教育思想观点基本是科学的，具有可操作性。文字通俗易懂，简单明了，写法生动活泼，适合一般文化水平的父母阅读。

（吕德雄　中国陶行知研究会常务副会长兼秘书长，原“晓庄师范”党委书记）

吕德雄

2021 年 11 月 29 日

序三

由周文彪先生总主编的《陶行知生活教育系列丛书》刚定稿，准备付梓出版之际，《中华人民共和国教育促进法》正式发布与实施，这让我们备受鼓舞。这套丛书的问世恰逢其时，也让家庭教育从传统意义上的“家事”变成了新时代发展，民族进步的“国事”！

《中华人民共和国家庭教育促进法》首先明确了家庭教育概念，“本法所称家庭教育，是指父母或者其他监护人为促进未成年人全面健康成长，对其实施的道德品质、身体素质、生活技能、文化修养、行为习惯等方面的培育、引导和影响”，之后强调了“家庭教育以立德树人为根本任务，培育和践行社会主义核心价值观，弘扬中华民族优秀传统文化、革命文化、社会主义先进文化，促进未成年人健康成长”。同时，《中华人民共和国家庭教育促进法》规定了学校等社会力量对家庭教育的协同任务，规定了“国家鼓励开展家庭教育研究，鼓励高等学校开设家庭教育专业课程，支持师范院校和有条件的高等学校加强家庭教育学科建设，培养家庭教育服务专业人才，开展家庭教育服务人员培训”。不难看出，一方面《中华人民共和国家庭教育促进法》从家庭教育概念，家庭教育主体责任、家庭教育的内容和方式，家庭教育工作机制，国家支持家庭教育的举措，社会力量对家庭教育的协同任务以及国家机关、国家工作人员带头做好家庭教育工作七个方面做出了法定职责与实施规制，从而成为每个家庭及社会各方自觉践行的必须；另一方面，《中华人民共和国家庭教育促进法》还强调了家庭教育、学校教育和社区教育密不可分，由此为各方教育的深度融合与协同育人提供了理论支撑与法律保障。

《陶行知生活教育系列丛书》正是符合了《中华人民共和国家庭教育促进法》的要义，从《教育与创新》《知识与财富》《规矩与成长》《品德与分数》《行为与性格》《尊重与情商》《勤奋与责任》《生存与发展》《音乐与人生》《批评与表扬》10个方面列举了大量案例，剖析了人生的十大要素，不仅启发父母更加注重家庭、家教、家风，增加家庭幸福与社会和谐，配合社会与学校把孩子培养成德、智、体、美、劳全面发展的社会主义建设者和接班人，也为各方面开展家庭教育专业的学习和培训提供了有益的参考书目。期望本套丛书的发行，能汇聚更大的力量，让家庭教育为实现伟大的中国梦发挥独特的作用！

（呼中陶　原北京师范大学党委副书记、北京师范大学珠海分校党委书记）

呼中陶

2021年11月29日

前言

许多父母死盯着孩子对知识的掌握，忽略了生存能力和安全意识的培养，于是，千方百计地给孩子创造安逸舒适的生活、学习条件，在生活中一点磨难也舍不得让孩子承受，孩子一旦离开父母便失去了独立生活的能力，处处表现出懦弱、畏缩、无能，衣、食、住、行步步维艰。试想：孩子一旦没有了独立生存的能力，怎么可能成为生活的强者呢？

父母的责任是培养孩子生存、发展、自由的能力，使他们将来能独立地面对生活中可能出现的各种危难，也只有这样，孩子们才能成长、成才，获得幸福美好的生活。

有些父母在孩子的教育上很舍得花钱，不惜砸锅卖铁，却忘记了自己的责任与付出。更有甚者，一些权贵和富有人群，用金钱换责任，在孩子很小的时候，花巨资让孩子一个人出国留学，表面上为孩子好，实则是不负责任。

尤其是一些父母孩子出现问题，经常指责学校、社会，而不是反思自己：当控诉应试教育的时候，自己是否也是一个积极的推动者？当我们指责社会无序时，发现孩子生存能力或身体素质衰退自己是否给孩子足够的关爱或做出了表率？

目前我国教育问题很多，教育改革首先应当从改变父母的育子观念入手，让父母们明白自己的责任，帮助孩子树立正确的人才观，科学引导孩子成长成才。

本书紧扣“生存与发展”这一主题，强调生存能力训练对孩子一生发展的重要性，深入浅出地阐明了生存与发展的辩证关系，启发父母从培养孩子成才的角度，重视对孩子的生存能力训练。

在书稿完成之际，我们要特别感谢著名家庭教育专家、中国教育学会家庭教育专业委员会原理事长、中国当代家庭教育科学研究的开拓者赵忠心同志，北京师范大学原党委副书记呼中陶同志，北京师范大学资深教授俞启定同志，中国社会福利基金会原名誉理事长缪力同志，中国陶行知研究会常务副会长吕德雄同志在百忙中给予的精心指导；特别感谢中国社会福利基金会、中国教育学会、中国家庭教育学会、中国陶行知研究会给予的大力支持，感谢长期关注生活教育的同仁和北京师范大学（珠海）分校、暨南大学珠海校区、吉林师范大学分院、湖南工程技术职业学院、《福建基础教育研究》编辑部、范家小学、空直蓝天幼儿园等全国 185 位高等院校、中小幼校（园）长、教师参与研究与实践，使本书圆满完成。

由于本书的编写时间和编者水平有限，不足之处在所难免，恳请广大读者给予批评指正。

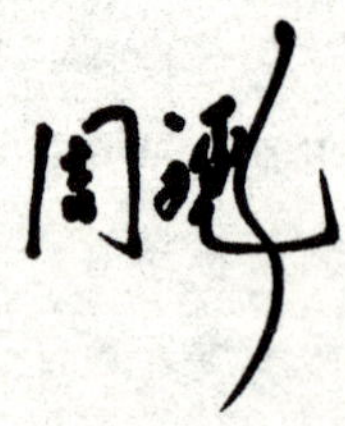

2021 年 11 月 29 日

家庭生活教育的四个维度

1	获取生活兴趣的能力	观察视角：准备 / 倾听 / 互动 / 自主 / 达成
2	与父母的沟通互动能力	观察视角：环节 / 呈示 / 对话 / 引导 / 机智
3	新知识理解与评价能力	观察视角：目标 / 内容 / 实施 / 评价 / 资源
4	家庭环境与文化的熏陶	观察视角：思考 / 民主 / 创新 / 关爱 / 特质

阅读本书的观察视角

1	事前准备	孩子做事前准备了什么？是怎样准备的？
		准备得怎么样？准备充分的概率是多少？
		孩子是否养成了事前准备的习惯？
2	耐心倾听	孩子能否耐心倾听你的话？能耐心听多少时间？
		作为父母你能耐心倾听孩子的心声吗？
		倾听时，孩子有哪些辅助行为？
3	与孩子互动	你与孩子有哪些互动行为？能达成目标吗？
		你与孩子互动的时间、过程、质量如何？
		你与孩子就某一问题讨论的时间、过程、质量如何？
		你与孩子户外活动的时间、过程、质量如何？
		你与孩子的互动习惯怎么样？出现怎样的情感行为？
4	让孩子自主	孩子自主学习（活动）的时间有多少？
		孩子自主学习的形式（探究 / 阅读 / 思考）有哪些？
		孩子自主学习有序吗？有无自主探究活动？
		孩子自主学习的质量如何？
5	目标达成	孩子清楚自己的学习目标吗？
		孩子预设目标达成有什么依据？分几个阶段达成？
		近阶段（1 月 / 半年内）生成过什么目标？效果如何？

6	问题环节	问题是由哪些环节构成的？你是否围绕这些问题沟通？
		这些环节是否面向孩子强调问题的关键点？
		你对不同环节 / 行为 / 内容 / 时间是怎么支配的？
7	正面引导	你是如何引导孩子自主学习 / 工作 / 生活的？
		你对孩子与人的合作能力是如何引导的？是否有效？
		你对孩子探究学习是如何引导的？是否有效？
8	挖潜与启智	面对孩子调皮与犟嘴，你的态度和方法有哪些？
		你如何处理孩子调皮和犟嘴？效果怎么样？
		你使用了哪些非言语行为？效果怎么样？
		你哪些行为感化了孩子（语言 / 体态 / 表情）？
9	共同思考	幸福生活是否与知识 / 技能有关？
		对孩子的引导是否有利于问题的解决？
		怎样引导孩子独立思考并自己处理问题呢？
		家庭气氛能否促使孩子独立自主地生活？
10	民主与创新	你与孩子的沟通效果怎么样？
		孩子参与集体活动的时间是怎样的？气氛如何？
		你的行为是否成为孩子的榜样？
		孩子与其他小朋友的关系如何？
		家庭创新设计、情境创设与资源利用有何新意？
		家庭气氛是否有助于孩子成长？你是如何处理的？
		孩子生活有哪些新目标 / 资源？你是如何处理的？
11	关爱与特质	孩子的生活目标是否面向未来？
		你是如何面对孩子的特殊情况的？
		孩子遇到学习困难时，你是如何关注和引导的？
		家庭环境体现了哪些有利于孩子走出困境的因素？
		家庭环境有助于孩子修正错误、健康成长吗？

目录

Part 1　生存能力训练

Part 2　防火灾能力训练

Part 3 防水灾能力训练

Part 4 防地震能力训练

Part 5 防抢劫能力训练

Part 6 让孩子远离性侵害

陶行知说：智仁勇三者是中国重要的精神遗产，过去它被认为“天下之达德”，今天依然不失为个人完满发展之重要指标。我们对于儿童有两种极端的心理，都对儿童有害。一是忽视，二是希望太切。忽视则任其象茅草样自生自灭，期望太切拔苗助长，反而促其夭折。

生存能力训练

- 生存的含义
- 自我保护的能力培养
- 要将生活中的经验传播给孩子
- 常对孩子进行安全意识教育
- 安全教育的主要内容

生存的含义

生存通常指生命系统的存在和生长，生命系统包括生物系统与生态系统。如微生物、植物、动物等就是生物系统，生态系统就是多种生物体与自然环境共生的形态。

在人类刚刚产生时可能会面对野兽的侵袭、大自然的灾害，为了保护自己的安全，当面对危险和困难时会用工具等保护自己。

遇到灾害有求生的欲望，这就是渴望生存，这样才能够学会生存。

不可抗力的灾难、人为的伤害、意外的事故，就像一只只蛰伏于黑暗角落里的猛兽，随时会向我们扑来，一个个鲜活的生命会因此而停止，无数个幸福的家庭因此而破碎。财产被吞噬，设备遭破坏，环境被涂炭，健康受威胁。

一幕幕触目惊心的惨剧告诉我们：安全是相对的，不安全是绝对的，安全防护不容懈怠，警钟长鸣、常备不懈是抵御灾难和不测的最佳防线。

扫码学微课《咬文嚼字之曲突徙薪》

咬文嚼字之曲突徙薪

【案例】

某个小村落，下了一场大雨，洪水淹没了全村，一位神父在教堂里祈祷，眼看洪水已经淹到他正跪着祈祷的膝盖了，一个救生员驾着舢板来到教堂：“神父，赶快上来吧，不然洪水会把你淹死的。”神父说：“不，我深信上帝会来救我的。”

过了不久，洪水已经淹过神父的胸口了，一个警察开着快艇过来：“神父，快上来，不然你真的会被淹死的。”神父说：“不，我相信上帝一定会来救我的。”

又过了一会儿，洪水已经把整个教堂淹没了，一架直升机飞过来：“神父，快上来，这是最后的机会了。”神父还是坚定地说：“不，上帝一定会来救我的。”

洪水来了，固执的神父终于被淹死了。

神父上了天堂，见到上帝之后很生气：“主啊，我终生奉献自己，为什么你不肯救我？”

上帝说：“我怎么不肯救你？第一次，我派了舢板来救你，你不要，我以为你担心舢板危险；第二次，我又派了一只快艇去，你还是不要；第三次，我以国宾的礼仪待你，再派一架直升机来救你，结果你还是不愿意接受。所以，我以为你是急着想要到我的身边来，可以好好陪我呢。”

【分析】

在别人伸出援手之际，别忘了，唯有我们自己也愿意伸出手来，人家才能帮得上忙的。生活中千万别忽略身边出现的“拯救”你的机会。

认知：

理解：

典型案例	你当时的心情	对你的触动

准备：

学会做：

自我保护的能力培养

很长一段时间，“自杀”缘于人们保护自己的意识不够强、对危险的程度了解不够多，自护和他护的能力不具备，使本可以避免的意外伤亡发生了，作为父母务必要关注这个问题，对孩子进行热爱生命、珍惜生命的教育。

众多酿成意外事故的原因是：粗心大意、侥幸心理、不良习惯、争强好胜、急功近利……孩子在生活中养成的坏习惯，编织了一个又一个不该发生的事故，导演了一幕幕令人痛心疾首的悲剧。

常言道："宁走十步远，不走一步险""小心行得万年船"，这么简单易懂的人生真理，为什么我们的孩子总抛之于脑后呢？也有不少事故和悲剧的发生并不是因为不重视，也不是因为粗心大意，而是无知的结果，有时孩子明明感觉到悲剧将要发生，但因防护知识不足、规避自救技能欠缺而无能为力。

灾难和事故总是血淋淋的，它给予我们的教训是痛心的，经验则是宝贵的。做好安全防护，积极防范、主动规避和科学自救是远离灾难、永葆幸福家庭的必然选择。

请测试一下孩子的安全防范意识：

测试项目	经常	偶尔	从不
家电线路和燃气管道是否检查			
雷雨天是否拔掉家用电器电源			
骑、乘车时是否戴安全帽或系安全带			
出行时是否遵守交通规则			
雷雨天，不在树下或电线杆下避雨			
进入公共场所是否先查看安全通道			
在实验或实习前是否检查设备			
是否留意各种安全知识和技能			

说明：经常（8分）、偶尔（4分）、从不（1分），总分在60分以上为很强；30分以上为一般；30分以下为较差。

"我发现，我安全"

一起来居家安全检查吧！

【案例1】

2004年年末发生在印度洋的海啸震惊了全世界，16万生灵不幸葬身海底，在这一场突如其来的大灾难中，海滩上尸骨堆山、惨不忍睹，人们也同时感受到团结的力量，传诵着一曲曲可歌可泣的人性之歌。

蒂莉·史密斯是英国一位10岁的女孩，在几十米高的海啸袭向泰国普吉岛的一个海滩之前，穿着泳装的蒂莉发现在大海的远处突然涌现出了一波白色的巨浪，将蓝天和大海明显地隔成了两半。

观察力十分敏锐的蒂莉，凭借自己在学校里掌握的地理知识，意识到这绝对不是一般的惊涛骇浪，很有可能会在顷刻之间把整个海滩给吞没。于是，焦急万分的蒂莉就让她的爸爸妈妈动员沙滩上的游客们赶快撤离这个危险的地方。当疯狂逃命的游客们刚刚抵达安全的地方时，海啸的白色巨浪已经排山倒海般奔涌而至，转眼间就把原先热闹非凡的海滩吞没，蒂莉挽救了100多名游客的生命，演绎了一段传奇故事。

【分析】

这是当之无愧的英雄，她用自己学到的知识避免了100多名游客生命的消失，保卫了100多个家庭的幸福，全世界感谢这个孩子。她的事迹告诉人们：生存教育多么重要。

【案例2】

道格卡普是美国国际搜救队长，自1985年至今，和他的队员参与过全世界79次重大灾难的救援，曾经爬进近700栋因为地震、爆炸而严重倒塌的建筑物内搜查受困的人们及罹难者的遗体。他说正确的地震保命法是：不要躲在桌子、床铺下，而要以比桌、床高度为低的姿势，躲在桌子床铺的旁边。如果你正在停车场，千万不要留在车内，应该以卧姿躲在车旁，不致直接撞击人身，可能形成一块“生存空间”，增加存活的机会。

知识在任何时候都是有用的，也许当时并不需要，也许一辈子没用，但人生几十年，什么样的遭遇都可能发生，正如2004年年底，那些陶醉在如天堂般海滩的游客，怎么会想到自己会在瞬间消失得无影无踪呢？就算是闲时攒下忙时用吧，说不准能在危急时刻爆发力量，帮助你摆脱困境，甚至拯救生命呢！

【分析】

对孩子们进行生命、生存教育刻不容缓，只有他们懂得更多的自救措施和办法，他们才能更好地主宰自己的命运。这不仅是父母的责任、学校的责任，也是全社会每一个成员的责任。

认知：

理解：

典型案例	你当时的心情	对你的触动

准备：

学会做：

要将生活中的经验传播给孩子

“害人之心不可有，防人之心不可无。”当今社会环境十分险恶，坑蒙拐骗时有发生，父母深恐阅历不多、容易轻信的孩子上当受骗。

父母要帮助孩子确立自我保护意识，增进孩子的免疫力。告诉孩子：任何时候“害人之心不可有，防人之心不可无”！

孩子的每一个选择和决定，不是朝向恐惧、不信任、保持原有生存方式的方向，就是朝向信任、敢冒风险、不惧困难和进一步发展的方向。基于父母的生活经验，应鼓励孩子相信生活是美好的。人生可以为了贡献而生存，在生活中不断地寻求新经验，照亮和鼓舞自己。

在日常生活中，要不断培养孩子的责任感，如对自己有责任感，对家庭有责任感，对他人有责任感，对集体有责任感，对社会有责任感，对国家有责任感。

一个有责任感的孩子首先要孝敬父母，对同学和朋友有义务伸出援助之手，作为公民应肩负保家卫国、建设祖国的重任，作为社会人应维护正义、扶助弱者、呼吁和平、保护环境。

在整个社会中每个人都需要承担属于自己的责任。人只有有责任感才能在人生漫长的旅途中挫而不败，坚强地迈过每一道艰难的门槛；只有具有责任感才能在每一次精彩的收获之后始终做到谦虚谨慎，不断地追求新的目标。

责任感是履行责任的关键。作为万物之灵长，每个人都是背负使命而来，个人的成长史就是一部为不辱使命而奋斗的历史。每个人的内心深处都希望自己成为一个有益于他人、符合社会需要的人，即便没有轰轰烈烈，不能名垂青史，也要做到平凡却不平庸，渺小但不无用。

一个责任心强的人，会只争朝夕，无须扬鞭自奋蹄，努力提升个人生产能力，追求优质高效；一个责任心强的人，即使在平凡的岗位上也会兢兢业业、乐此不疲，最终创出震撼人心的不凡业绩。

责任心是人走向成功的发动机，能激发出无穷的生活动力；责任心是助推器，可以使工作或学习收到事半功倍的成效。

扫码学微课《防抢劫》

【案例1】

猫和老鼠原本是一对形影不离的好朋友，约定好一起去参加十二生肖比赛，结果老鼠食言自己先去了，坐了头把交椅，而诚实的猫却失去了千载难逢的竞争机会，永久地名落孙山，从此两者失和了。

【分析】

由此看来，朋友尚不足信，对陌生人更应具备防范意识，你不知道他的根底啊，尤其是一些舌灿莲花之人，万万不可轻信，不要将自己的电话、住址轻易告诉素昧平生的人。

【案例2】

一位小伙子耐不住长途旅行的寂寞，与邻座一位中年男子调侃神聊起来，两人谈得十分投机，几乎成为难舍难分的好朋友了。

下车时，中年人歉意地说："我的行李多，麻烦你帮我带一件，可以吗？"小伙子没有拒绝，欣然答应了。

小伙子万万没想到，出站时自己还没有弄清怎么回事，居然以携带毒品罪被拘捕了，小伙子眼泪汪汪地指着那位中年人说："是他让我带的"。那位中年人一脸漠然地说："我根本就不认识你，你别血口喷人啊。"

小伙子有口难辩，被公安干警戴上手铐，锒铛入狱。

【分析】

任何时候都不要贪图小便宜，世界上没有免费午餐，要时时严防陷阱。生活中，时刻要保持自我防范，只有这样，才会不受欺骗。

认知：

理解：

典型案例	你当时的心情	对你的触动

准备：

学会做：

常对孩子进行安全意识教育

孩子认多少字？考多少分？钢琴考了几级？等等，很多父母普遍将这种知识与技能作为教育的主要目的，然而，培养孩子的视角进入了盲区。

统计数据显示，我国每年有约20万0—14岁儿童因意外伤害伤亡，平均每天有超过500名未成年人死于意外伤害。来自“全球儿童安全组织”的研究报告显示：我国儿童意外伤害死亡率是美国的2.5倍、韩国的1.5倍。

“情商教育、知识教育、习惯教育和安全教育，哪个才是更重要的呢？”

这里需要强调的是，安全教育是一切教育的基础。

每位父母都很重视孩子的安全，安全教育相比其他教育是“1”，没有了这个“1”，其他的都会成为“0”。

教育部2007年颁布的《中小学公共安全教育指导纲要》强调了安全教育的重要作用，并指出：要培养中小学生的公共安全意识；掌握自救自护方法和处理技能；提高面临突发安全事件自救自护的应变能力。

【小常识】

一、交通事故发生的原因

1.注意力不集中

注意力不集中是发生交通事故最主要的形式，表现为行人在走路时，边走路边看书边听音乐，或者左顾右盼、心不在焉。

2.在路上进行球类活动

小学生精力旺盛、活泼好动，即使在路上行走也是蹦蹦跳跳、嬉戏打闹，甚至有时还在路上进行球类活动，更是增加了发生事故的危险。

3.骑“飞车”

部分学生骑车技术也实在“高超”，居然能把自行车骑得与汽车比快慢，殊不知就此埋下了祸根。

二、交通事故的预防

1.提高交通安全意识

不管是校内还是校外，发生交通事故最主要的原因是思想麻痹、安全意识淡薄。若没有交通安全意识很容易带来生命之忧。

2.自觉遵守交通法规

除提高交通安全意识、掌握基本的交通安全常识外，还必须自觉遵守交通法规，才能保证安全。

以下规则是必须在日常生活中严格遵守的：

在道路上行走，应走人行道，无人行道时靠右边行走。走路时要集中精力，“眼观六路，耳听八方”；不与机动车抢道，不突然横穿马路、翻越护栏，过街走人行横道；不闯红灯，不进入标有“禁止行人通行”“危险”等标志的地方；横过马路时须走过街天桥或地下通道，没有天桥和地下通道的地方应走人行通道；在没划人行横道的地方横过马路时要注意来往车辆，不要斜穿、猛跑；在通过十字路口时，要听从交通民警的指挥并遵守交通信号；在设有护栏或隔离墩的道路上不得横过马路。

3.乘坐交通工具要等车停稳后，依次上车，不挤不抢

车辆行驶中不得把身体伸出窗外；乘坐长途客车、中巴车时不能贪图便宜，乘坐车况不好的车；不要乘坐“黑巴”“摩的”，因为这些车辆安全没有保障。乘坐火车、轮船、飞机时必须遵守车站、码头和机场的各项安全管理规定。

三、发生交通事故的处理办法

随着社会的飞速发展，生活、工作节奏也愈来愈快，汽车成了人们的主要工具，它给我们带来了前所未有的方便与快捷，在大家赞叹社会进步、享受社会进步的同时，它也给我们带来了灾难，一个个鲜活的生命消失在飞驰的车轮下，一个个幸福美满的家庭转眼破碎不堪。因此，我们要遵守交通规则，安全行驶，才能避免这些事故的发生，健康成长。

交通事故时时刻刻都会发生，它就像颗威力十足的炸弹，一时大意，这颗埋伏在我们生活中的炸弹就会爆炸，炸得家庭破碎，炸得人心悲苦。

某报纸上登载了这样一个惊心动魄的场面：走在男孩面前的是一位活蹦乱跳的女孩，头上扎着一对粉黄的蝴蝶结，身穿一条漂亮的白纱裙，正准备过马路，绿灯停了，红灯亮

了，男孩立刻停在马路边，小女孩却飞快地向前冲。一辆汽车飞奔而来，从小女孩的身上轧了过去……

扫码学公益微课《直抵人心》

认知：

理解：

典型案例	你当时的心情	对你的触动

准备：

学会做：

安全教育的主要内容

当下，很多地方法规和教育大纲，从顶层设计到具体操作和实施办法都一应俱全（图1）。

安全教育在学校的开展已经初具规模、卓有成效。其主要内容如下：

（1）交通安全：上学、放学、乘车、共享单车；认识交通标识，遵守交通规则等；

（2）雷雨天气安全：12121（气象查询电话）、懂得停课预警信号（黄风红雨）等；

（3）网络安全：涉及电脑、游戏、微信、QQ等；

（4）预防疾病安全：春季、夏季、秋季、冬季（流感、腮腺炎、发热等）；

（5）防溺水安全：夏季做到“六个不”：不私自游泳；不擅自结伴游泳；不在没有父母和教师的情况下游泳；不到不熟悉的水域游泳；不到没有安全设施和救生员的水域游泳；不熟悉水性的孩子不能施救；

（6）心理安全：情绪控制、青春期心理等；

（7）饮食安全：路边小吃、零食等；

（8）其他安全：防火、防盗、防毒、防骗等。

父母配合学校，对孩子进行安全教育要做到：

①要熟记爸爸妈妈的联系电话和家庭住址；

②要熟记几个特殊电话：110（报警电话）、120（急救

电话）、12121（天气查询电话）；

③书包要轻便（不要拉杆书包）；

④雨天雨伞要轻便，颜色要鲜艳；

⑤不要和陌生人说话，要有固定的人接孩子；

⑥父母要知道孩子最好的伙伴是谁；

⑦父母要关注孩子的情绪；

⑧父母要关注孩子玩网络的时间。

扫码学微课《防雷电》

认知：

理解：

典型案例	你当时的心情	对你的触动

准备：

学会做:

本章复盘

◎小问题

回答下面的问题，帮助你理解生存能力训练在家庭教育中的必要性。

1.生存能力训练的目的是什么?

2.生存能力训练首先要做到什么?

3.生存能力训练的步骤是什么?

4.生存能力训练有哪些要注意的环节?

5.生存能力训练有什么效果和表现?

6.生存能力训练和掌握知识应该如何区别?

7.生存能力训练的方式不同，效果有什么不一样?

8.生活中生存能力训练的问题有哪些?

如何做更好的父母

◎收起你的懦弱，摆出你的姿态，培养孩子的生存能力，不要打击孩子的积极性!

◎就算周边的人（含家庭成员）都否定孩子，你也要相信孩子，不要管别人的看法。

◎很多事是尊重出来的，要相信，世上本没有做不到的事，只有不尊重人，才适得其反。

◎不管孩子如何，都可能不被欣赏，总有人认为他不够好，不管别人怎么看，你都不能不注意培养孩子的生存训练!

“管理好自己”思考题

【反向思维】

◎生存能力训练没有用，孩子就是不愿意学习!

◎生存能力训练到位了，孩子还是不好好学!

◎我对孩子的生存能力训练，道不同不相为谋!

◎对孩子的生存能力训练不到位，反而被别人瞧不起!

【正向思维】

◎生存能力训练之后，家庭和睦了!

◎生存能力训练之后，孩子的能力提高了!

◎生存能力训练之后，父母与孩子相处更融洽了!

◎生存能力训练之后，父母与孩子的误会没有了!

与心对话

每日一问：

家庭生活中总有一些磕磕绊绊，很多事情都需要对孩子进行生存能力训练，你面对这些问题是怎么解决的？你身边的家庭又是怎么处理的？

请将在家里看到的记录下来：

陶行知说：我们不但是物质环境当中的人，并且是人中人，做人中人的道理很多，最要紧的是要有“富贵不能淫，贫贱不能移，威武不能屈”的精神。这种精神，必须有独立的意志，独立的思想，独立的生计和耐劳的筋骨，耐饿的体肤，耐困乏的身，去做那摇不动的基础——推己及人的恕道，和大公无我的容量，也是做人中人的最重要的精神。把这几种精神合起来，我找不到一个更好的名词，就称他为大丈夫的精神罢。

防火灾能力训练

- 平日防火基本措施
- 预防火灾发生的基本常识
- 灭火的基本原理
- 遇到火灾时要有第一反应
- 火灾发生后要掌握的逃生方法
- 火场逃生的自救方法

平日防火基本措施

1.控制可燃物

（1）用非燃或不燃材料代替易燃或可燃材料。

（2）采取局部通风或全部通风的方法，降低可燃气体、蒸气和粉尘的浓度。

（3）对能相互作用发生化学反应的物品分开隔离。

2.隔绝助燃物

（1）将可燃气体、液体、固体隔离，保证不与空气、氧气或其他氧化剂等助燃物接触。

（2）隔绝助燃物使其不与可燃物接触。

3.消除火源

（1）严格控制明火。

（2）禁止电火，如严禁开关电器和易产生火花的物品碰撞等。

（3）防止静电、雷击。

4.阻止火势蔓延

（1）防止火焰或火星等火源窜入有燃烧、爆炸危险的设备、管道或空间。

（2）阻止火焰在设备和管道中扩展，或者把燃烧限制在一定范围不致向外延烧。

扫码学微课《高楼火灾中的逃生与自救》

【案例1】

某市一场大火烧掉了四辆巴士。

当地派出所介入调查后证实：这次火灾事故是由两名9岁男孩玩火引起的。

2月13日下午2时51分左右，在塑料厂房旁边，两名小孩在燃放鞭炮，把一串鞭炮扔在塑料厂房的周边，引燃了厂房内的可燃物，火势迅速蔓延，四辆巴士被烧得面目全非。

【分析】

以上案例提醒我们：父母要向孩子讲清楚火的危害，要学习与火相关的安全知识，了解什么样的情况和行为可能导致火灾，这样才能更好地保护自己和孩子。

【案例2】

1月10日，某市一名9岁男孩放鞭炮时，将点燃的鞭炮扔进下水井，瞬间发生爆炸，男孩被炸飞出2米多高，落到5米之外，当场身亡；2月3日，甘肃某市两名儿童点燃鞭炮，扔进窨井引发闪爆，窨井周围地砖被炸开，两名儿童一人重伤一人轻伤；2月7日，福建某市几名儿童往井盖里扔鞭炮，井盖和地砖瞬间被炸飞。

因儿童往窨井里扔鞭炮而导致的爆炸事件时有发生，有的因此失去生命。

【分析】

这血淋淋的教训，希望能够引起所有父母的重视，对孩子一定要进行好相关教育和看护，千万不要因为一时疏忽大意而酿成无法挽回的惨剧。

认知：

理解：

典型案例	你当时的心情	对你的触动

准备：

学会做：

预防火灾发生的基本常识

家庭消防安全事关生命，对幸福家庭建设非常重要。家庭消防是防火管理的重点和难点，一旦发生火灾危害极大（图2）。

1. 让孩子了解一些灭火知识

不要玩火和灶具，不要玩电器设备、电开关、插座、电线等；不要躺在床上吸烟，不要乱扔烟头。不要乱接乱拉电线，电路中的保险丝切勿用铜丝、铁丝代替；不要用明火照明寻找物品，外出时应关闭家中的电和水管，睡前要检查燃气阀门是否关闭，明火是否熄灭；不要在家中存放汽油、轻质油、酒精、香蕉水等物品。不要在走廊、楼梯口等处堆放杂物，保证通道畅通；不要在楼道、阳台、柴草堆等地燃放烟花爆竹；在炉灶附近不可存放易燃易爆物品。

2. 家中起火时不要惊慌失措

遇到家中起火时要迅速采取有效措施控制和扑救火灾。要记住：油锅着火不能泼水。应先关闭炉灶燃气阀门，然后直接盖上锅盖或用湿抹布覆盖令火窒息，还可向锅内放切好的蔬菜冷却灭火；燃气罐着火要先关闭阀门，用围裙、浸湿的被褥、衣物等捂盖并往上浇水扑灭余火；家用电器或线路着火，要先切断电，再用灭火器灭火。不可直接泼水灭火，以防触电或电器爆炸伤人；灭火时不要贸然打开门窗，以免空气对流加速火势蔓延。

3. 火情发生时要正确报警

家中发生火灾时，报警要沉着、冷静，不要惊慌。迅速拨打火警电话119，讲清火灾的详细地址，起火部位、着火物质、火势大小、报警人的姓名及电话号码，并派人到路口迎引消防车。

4. 火情发生危险时，要安全逃生

火场中，人的生命是最重要的。身处险境应尽快撤离，不要因为害羞或顾及贵重物品而把宝贵的逃生时间浪费掉。

高层楼房发生火灾时，可利用身边的绳索或床单、窗帘、衣服等自制简易救生绳，并且用水将其打湿，从窗台或阳台沿救生绳缓降到地面，安全逃生。

火灾中对人威胁最大的危险是有毒烟雾。可采用将毛巾、口罩打湿后掩口蒙鼻，防止烟雾中毒、窒息。压低身姿贴近地面匍匐撤离。

如果发现身上着了火，切勿惊跑，应赶紧设法脱掉衣服或就地打滚，压灭火苗。

5. 要牢牢掌握预防火灾的知识

当家里发生火灾时：头脑里要有一张清单，明白家里房间的一切可能逃生的出口，例如：门、窗、天窗、阳台等，知道几条逃生路线，就可以在主要通道被堵时，走别的路线

求生；平时要让家庭成员了解门锁结构和怎样开窗户，在危急关头，可以用椅子或其他坚硬的东西砸碎窗户的玻璃。另外，门窗应该安装成是容易开关的；要牢记下列逃生规则：一是睡觉时把卧室门关好，这样可以抵御热浪和浓烟的侵入；二是在开门之前先摸一下门，如果门已发热或者有烟从门缝进来，切不可开门，应准备第二条逃生路线；三是假如出口通道被浓烟堵住，没有其他路线可走，可贴近地面，匍匐前进通过浓烟区；四是不要为穿衣服和取贵重物品而浪费时间。

6. 要注意安全用电

第一，家里要合理安装配电盘。要将配电盘安装在室外安全的地方，配电盘下切勿堆放易燃、可燃物品，防止保险丝熔化后炽热的熔珠掉落将物品引燃。

第二，家庭要安装合格的空气开关或漏电保护装置，当用电量超负荷或发生人员触电等事故时它可以及时动作并切断电流。

第三，要正确使用电线。如：家用电线的主线应选用4mm以上的铜芯线、铝皮线或塑料护套线，在干燥的屋子里可以采用一般绝缘导线，而在潮湿的屋子里则要采用有保护层的绝缘导线，对于老化的电线要及时更换。如果电线采取明敷时，要防止绝缘层受损，可以采用穿阻燃PVC塑料管保护。

第四，对通过可燃装饰物表面时要穿轻质阻燃套，有吊顶的房间其吊顶内的电线应采用金属管或阻燃PVC塑料管保护，对于需要穿过墙壁的电线为防止绝缘层破损应将硬塑料管砌于墙内，两端出口伸出墙面约1厘米。

第五，要正确使用家用电器。使用家用电器前必须认真阅读电器使用说明书，留心其注意事项和维护保养要求。对于空调器、微波炉、电热水器和烘烤箱等家用电器，使用完毕后不仅要将其本身开关关闭，同时还应将电插头拔下，有条件的最好安装单独的空气开关。

第六，人离家或睡觉时，要检查电器是否断电。有条件的家庭购置一个2公斤以上的小灭火器是非常必要的，家里还应准备手电、绳 子、毛巾等必备的防火逃生工具。

第七，一旦发生电器火灾，不要惊慌，先要及时拉闸断电，并大声向四邻呼救，拨打火警电话119，同时，用水、湿棉被或平时预备的灭火器迅速灭火。如果火势太大时，要适时避险，千万不要恋财，舍不得家具财物，生命才是最重要的，逃命要紧。

微信扫一扫二维码分享到微信好友或朋友圈

【案例1】

11月14日清晨，某商学院宿舍楼发生火灾，4名女生跳楼身亡，失火原因查明为违规使用“热得快”。

该校安全教育中，虽有火灾应急教育，但是流于形式较多，真正实用的安全信息并没有传达给学生，例如，身处险情该如何处置等。

与起火的房间相对的是徐汇环卫所的员工宿舍。事发时，住在3楼的田师傅刚起床不久，他突然听到对面的商学院传来学生大喊大叫的声音。

田师傅说："当时大概是6点10分。起初火势并不大，仅有4个女孩躲在阳台上高声尖叫，她们的身上穿着睡衣，把阳台上的衣服扯下往下扔。此时，相邻房间的阳台也站着3个女生，她们试图将自己的同学从起火宿舍救出。有人拿出了一根不锈钢的长杆，试图递给同学，但没成功。"

火势迅速蔓延，一名女孩身上的睡衣起了火，惊慌失措地跳了下来。其他人不顾楼下同学"不要跳，不要跳"的提醒，一个接一个往下跳。最后一个是双手攀在阳台外的女孩，她试图跳到5楼求生，但没找准位置，双手支撑不住摔了下去。

消防专家告诉记者，在火灾面前惊慌失措是女生们遇难的主要原因。

在火灾初起阶段，女生们不应该"惊慌、喊叫"，正确的做法应该是招呼室友一起冲出宿舍，抓紧时间逃离事故现场。

【分析】

"被困阳台后，女生们也不应该轻易就跳楼求生。"消防专家表示，女生们正确的做法应该是趴在地上，用湿毛巾捂住口鼻，等待消防人员前来救援。"即使身上着火，也不必太惊慌，只要在地上滚两圈，火就能灭了。另外，比起跳楼避火，翻墙进入隔壁寝室，结绳爬到五楼逃生等方法在当时环境下，肯定更有用。"

【案例2】

某日下午，某家属区一非法游戏厅发生重大火灾，7人当场死亡，10人经抢救无效相继死亡。

据《燕赵晚报》报道，法院审理查明，某年年初，被告人凌某伙同其父非法经营游戏厅，被当地工商、公安部门依法吊销和没收营业执照及《特种行业许可证》，明令禁止其再行开业。由于利益驱动，他们雇人偷偷将非法承租的游戏厅房屋的所有窗户及部分墙体进行了改造，用砖在屋内将其完全砌死，又用木板从外面封严，只留南北各一个狭窄的出入口。在毫无消防安全措施的情况下，该游戏厅再度开业。

事发当日下午2时20分，由于游戏厅内放置在木箱里的变压器因长时间通电，导致线圈老化过热，引燃周围可燃物发生重大火灾，结果造成17人死亡。

【分析】

被告凌某无照经营，违反消防规定，造成重大火灾，其后果特别严重，犯非法经营罪，判处有期徒刑14年，并处没收财产；犯失火罪，判处有期徒刑7年，两罪并罚决定执行有期徒刑20年，并处没收财产。

认知：

理解：

典型案例	你当时的心情	对你的触动

准备：

学会做：

灭火的基本原理

根据燃烧的基本条件，一切灭火措施都是为了破坏已经形成的燃烧条件，或终止燃烧的连锁反应迅速使火熄灭或者把火势控制在一定范围内，以最大限度地减少火灾损失。

1. 冷却灭火法

将灭火剂直接喷洒在燃烧着的物体上，将可燃物质的温度降低到燃点以下，终止燃烧，如用水灭火。

2. 隔离灭火法

将燃烧物体与附近的可燃物质隔离或疏散开，使燃烧停止。

3. 窒息灭火法

阻止空气流入燃烧区，或用不燃物质冲淡空气，使燃烧物质断绝氧气的助燃而熄灭，如用泡沫灭油类火灾。

4. 抑制灭火法

也称化学中断法，就是使灭火剂参与到燃烧反应历程中，使燃烧过程中产生的游离基消失，而形成稳定分子或低活性游离基，使燃烧反应停止，如干粉灭火剂灭气体火灾。

常用的灭火器有：干粉灭火器、二氧化碳灭火器和泡沫灭火器。

5. 有些火灾是不能用水扑救的

碱金属不能用水扑救。因为水与碱金属（如金属钾、钠）作用后能使水分解而生成氢气和放出大量热，容易引起爆炸。

碳化碱金属、氢化碱金属不能用水扑救。如碳化钾、碳化钠、碳化铝和碳化钙以及氯化镁遇水能发生化学反应，放出大量热，可能引起着火和爆炸。

轻于水和不溶于水的易燃液体不可用水扑救。

熔化的铁水、钢水不能用水扑救。因铁水、钢水温度约在1600℃，水蒸气在1000℃以上时能分解出氢和氧，有引起爆炸的危险。

三酸（硫酸、硝酸、盐酸）不能用强大水流扑救，必要时，可用喷雾水流扑救。

高压电气装置火灾在没有良好接地设备或没有切断电流的情况下，一般不能用水扑救。

6. 灭火时要正确使用灭火器

（1）二氧化碳灭火器使用方法：使用二氧化碳灭火器要先拔出保险栓，再压下压把（或旋动阀门），将喷口对准火焰根部灭火。

（2）二氧化碳灭火器注意事项：使用时要戴手套，以免皮肤接触喷筒和喷射胶管，防止冻伤。使用二氧化碳灭火器扑救电器火灾时，如果电压超过600伏，应先断电后灭火。

（3）干粉灭火器的使用方法：干粉灭火器与二氧化碳灭火器的使用方法相同，但应注意的是：干粉灭火器在使用前，应先把灭火器上下颠倒几次，使筒内干粉松动。在使用干粉灭火器扑救固体火灾时，应使灭火喷嘴对准燃烧最猛烈处，左右扫射，并应尽量使干粉灭火剂均匀地喷洒在燃烧物表面，直至把火全部扑灭。因干粉的冷却作用甚微，灭火后一定要防止复燃。

7. 家用电器着火后的扑救法

家用电器着火后应立即关机，拔下电源插头或拉下总闸，如只发现电打火冒烟，断电后，火即自行熄灭，如果是导线绝缘和电器外壳等可燃材料着火时，可用湿棉被等覆盖物封闭窒息灭火。

要记住：不得用水扑救，以防引起电视机的显像管炸裂伤人；未经修理，不得接通电源使用，以免触电、发生火灾事故。

8. 计算机着火解救方法

如果计算机着火，即使关掉机子，甚至拔下插头，机内的元件仍然很热，仍会迸出烈焰并产生毒气，荧光屏、显像管也可能爆炸，应对的方法是：计算机开始冒烟或起火时，马上拔掉插头或关掉总开关，然后用湿地毯或棉被等盖住计算机，这样既能阻止烟火蔓延，也可挡住荧光屏的玻璃碎片。

切勿向着火的计算机泼水，即使已关掉的计算机也是这样，因为温度突然降下来会使炽热的显像管爆裂，此外，计算机内仍有剩余电流，泼水可能引起触电。切勿揭起覆盖物观看，灭火时，为防止显像管爆炸伤人，只能从侧面或后面接近计算机。

【案例1】

发生在某饭店的一件荒唐事。

因厨师不懂消防知识，直接用水泼向着火的灶台，造成了火势蔓延，烧着了整个饭店。

当日8时30分，消防救援人员赶到现场得知，该饭店厨师清洗灶台的时候不慎将灶台引燃，同时也烧透了由楼顶通至厨房的柴油管道。

厨师因为不会正确处置，直接用水扑向起火处，造成了火势蔓延，而在后厨的西北角还有一个液化气罐。指挥员迅速下达命令，由一支水枪进行火势压制和冷却，防止火势蔓延。随后，消防救援人员关闭了楼顶的3个柴油桶管道阀门，但大火仍不能被扑灭。

【分析】

这个案例告诉我们：要学习和了解特殊起火物的正确灭火方法，如油锅起火、电器起火等。紧急时刻必须灵活机动，以解决问题为目的。两名消防救援人员就近买来洗衣粉撒到消防车的水箱里，并搅拌均匀，用形成的简易泡沫灭火。很快，大火被扑灭。

【案例2】

某市一家日用品加工企业的一名男员工进入香水灌装车间，调配并加热香水原料（异构烷烃混合物）。当他将加热后的香水原料倒入塑料桶时，一团火苗突然蹿起来。这名员工一系列错误行为让原本能很容易扑灭的小火酿成了无法挽救的悲剧。

火苗蹿起后，他先用嘴去吹，火势不仅没有减弱，反而更大了，他又拿盖子去盖，发现桶盖和桶并不吻合，此时，装原料金属桶内的残留易燃液体也已被引燃，紧接着，一个火点瞬间变成了两个火点。随后，他又朝着火苗吹气，发现还是不管用，慌乱中找来一块纸板对着火苗扇风，风助火势，火势不仅没有被扑灭反而烧得更旺了。

客观来讲，此时火势并不算大，若处置方式正确，完全可以快速将火点扑灭，因为他没有看到离起火点不远处的灭火器，贻误了灭火最佳时机。

另一名男员工发现了火情，并未急于采取任何行动，只是冷眼观望数秒，随后转身继续工作，离香水灌装车间最近的一名女员工也发现了火情，也并未采取行动。

仅仅一分钟后，塑料桶被熔化，火势逐渐大了起来，火势处于初起阶段时，他（她）们若选择用灭火器扑救完全可以控制住火势，遗憾的是他们没有发现附近的灭火器。

随后，日用品包装车间的男员工来到香水灌装车间查看火情，看到火势变大后，塑料桶已被大火彻底熔化，香水原料全部流出，形成流淌火。火势瞬间向四周蔓延并引燃周边可燃物。

其他员工匆匆跑到起火车间，他们既没采取有效灭火措施，也没有第一时间报警，更没及时通知人员疏散逃生，只是手忙脚乱地面对着起火点逃离火场。

这一系列错误行为导致大火迅速将整个香水灌装车间吞噬。最终，造成19人死亡3人受伤。

经现场勘察发现，这场夺命大火竟是由静电引燃可燃蒸汽导致的。

原来，异构烷烃的混合液加热后会产生可燃蒸汽，在塑料桶里搅拌混合液过程中会产生静电，而在倾倒液体时塑料桶集聚的静电放电，混合液的可燃蒸汽被引燃。

【分析】

从一个灭火器就能灭掉的小火焰变成19人死亡3人受伤的悲剧，只用了短短不到4分钟的时间。火灾发生后3分钟内是灭火最佳时机，若采取了科学方式及时扑救，悲剧本可以避免，但现场人员却一错再错……

认知：

理解：

典型案例	你当时的心情	对你的触动

准备：

学会做:

遇到火灾时要有第一反应

遇到火警时首先要沉着、冷静，不要慌乱，做到:

第一，正确使用“119”火警电话，及时报警，为消防灭火争取时间;

第二，要讲清楚起火单位、地址、燃烧对象、火势情况;

第三，讲清楚报警人的姓名、所在的电话号码以便联系;

第四，报警后，本人或派人到通往火场的交通路口接应消防车。如在现场要配合消防人员分析了解火灾发生的原因:

（1）放火、电器违章操作引起火灾;

（2）用火不慎、玩火、吸烟引起火灾;

（3）物品自燃、雷击以及其他因素引起火灾;

（4）自然灾害引起的火灾。如地震、风灾等;

（5）如在现场要配合消防人员给火灾分类。

一般火灾可分为A、B、C、D四类:

A类，指可燃固体物质火灾;

B类，指液体火灾和熔化的固体物质火灾;

C类，指可燃气体火灾;

D类，指可燃金属火灾，如钾、钠、镁、钛、铝合金等物质的火灾。

听从消防人员指挥，根据不同类型火灾选择不同的灭火剂。

扑救A类火灾应选用：水、泡沫、磷酸铵盐干粉灭火剂。

扑救B类火灾应选用：干粉、泡沫灭火剂。

扑救极性溶剂B类火灾不得选用：化学泡沫灭火剂、抗溶性泡沫灭火剂。

扑救C类火灾应选用：干粉、二氧化碳灭火剂。

扑救D类火灾选用：7150灭火剂以及砂、土等。

掌握防火的基本原则：

一是要清除燃烧条件，防止燃烧条件再次产生。

二是要熄灭火种，不使火种、可燃物、燃烧条件三要素相互结合并发生作用。

三是要采取限制、削弱燃烧条件发展的办法，阻止火势蔓延。

扫码学微课《扑救初起火灾的注意事项》

【案例1】

某市一座3层小楼发生火灾。下午3时40分许，该楼保健中心工作人员王某突然听到“啪”的一声响，以为一楼楼梯口附近的烤箱出了问题，便去查看，发现烤箱并没通电，转身却看见大厅西北角冒烟。他立即跑出门，到隔壁的便利店查看，发现便利店西墙边处有烟冒出，掀开床铺的被褥，发现起火。他当即跑回保健中心拿来一个小灭火器灭火，喷了几下后，明火不见了，王某以为火被灭掉了，但在出店门的一瞬，回头发现火又着起来，他又跑上前去灭火。

他发现火越来越大，又返回足疗店拿一个大的灭火器准备灭火时，火势已经无法控制。王某不得不退出去，再跑到保健中心通知说着火了！扑火未灭，几次反复，宝贵的时间就这样浪费了20分钟左右。消防队接到的第一个报警电话是路人打的，那时候在马路上已经可以看到滚滚浓烟和熊熊大火了。在近百名消防救援人员、19台消防车参与扑救下，虽然大火成功被扑灭，但却依然导致了7人死亡的惨剧。

《消防法》中明确规定："任何人发现火灾都应当立即报警。任何单位、个人都应当无偿为报警提供便利，不得阻拦报警。严禁谎报火警；任何单位发生火灾，必须立即组织力量扑救火灾；火灾扑灭后，发生火灾的单位和相关人员应当按照公安机关消防机构的要求保护现场，接受事故调查，如实提供与火灾有关情况。"

【分析】

如果早一点学习法律知识，知道遭遇火灾时的正确处理流程，这一惨剧就不会发生。值得注意的是，我们说遇到可以扑灭的初起小火时，除了报警还可以进行灭火。但是对于未成年人，我们要求他们第一时间进行报警或寻找大人帮助，一定不要自己独自去进行灭火。

【案例2】

某市公安消防支队指挥中心接到报警，位于某学院6号教学楼发生火灾，着火面积16.9平方米，烧毁烧损6号教学楼一层蓄电池室内的蓄电池组四套以及门窗等物品，虽然无人员伤亡，却导致财产损失3943元。

经调查访问得知，在这起火灾事故调查中，施工人员在某教学楼的6层作业时，不慎造成电器线路短路打火，因周围无可燃物所以并没有引发火灾。与之同时，在其相隔很远的同一教学楼的 1 层却发生了火灾。

通过火调人员认真细致的现场勘验和调查访问，证实该教学楼的 1 层发生的火灾就是因教学楼6层电器线路短路造成的。对这类电气故障引发的起火点和故障点不一致而且相隔很远的火灾，火调人员首先应将火灾现场保护范围扩大到发生故障的那个场所，其次应全面收集相关证据，证明二者之间的关联性，就能准确认定起火原因。

【分析】

火灾现场调查的目的是了解火是怎么烧起来的，是恶意纵火还是意外事故。为此，调查员首先要确定火源（即起火点），再确定起火原因，最后可以通过重建火灾现场来完成最终的确定。火灾现场是发生火灾的地点和留有与火灾原因有关的痕迹物证的场所，包括发生火灾引起燃烧的场所、虽未被燃烧但与火灾原因有关联的场所，和火灾波及的场所。遇到或者目击火灾，我们不仅要配合消防员进行灭火工作，也要配合调查员完成调查工作。

认知：

理解：

典型案例	你当时的心情	对你的触动

准备：

学会做：

火灾发生后要掌握的逃生方法

一般来说，火场逃生的方法主要有：

（1）利用登高消防车，挂钩梯两节梯连用逃生；

（2）利用建筑物通道或建筑物内设施逃生；

（3）自制器材逃生；

（4）寻找避难处所逃生；

（5）互救逃生；

（6）利用身边消防器材或其他器材边灭火边逃生。

一旦身上着了火，首先应当将衣服脱下，将火扑灭；或就地翻滚，但不要滚动过快，更不要跑动。如果附近有水池、河塘等水源，可迅速跳入水中，或及时就近取水将身上火浇熄。但身体被烧伤时，应注意不要跳入污水中，以防感染。

火场上不能轻易乘坐普通电梯疏散的原因：一是发生火灾后，往往容易断电而造成电梯“卡壳”，给救援工作带来难度，影响及时疏散。二是电梯直通楼房各层，火场上烟气涌入电梯通道极易造成“烟囱效应”，人在电梯里随时会被浓烟毒气熏呛而窒息死亡。

扫码学习微课《火警的正确打开方式》

【案例1】

某年2月15日，某市中百商厦伟业电器行雇员于某在仓库吸烟引发大火，直接火灾原因是人为丢弃烟头引燃易燃物品而致。据公安部门调查，这场大火是从2月15日11时左右开始燃起的，但此后近半个小时，没有任何人报警。直到11时28分，一位过路人发现商场冒烟才报了火警。

当消防干警到达现场时，火场内部的部分人员已经遇难或处于昏厥，不仅本身丧失逃生能力，而且给搜救工作带来较大困难。经过消防救援人员不懈的努力，截至15时40分，大火已被扑灭。

【分析】

据有关部门提供的情况，本次火灾造成54人死亡，70余人受伤，直接经济损失400余万元，直接责任人被判处7年有期徒刑。

【案例2】

国内外大量火灾实例统计表明，因火灾而伤亡者，大多数由烟雾所致。据国外火灾统计资料显示，火灾死亡者中，被烟熏死的高达80%，而且被火烧死者中，多数先是烟熏中毒窒息后，被大火烧死的。某年1月23日某市某电业有限公司二厂发生火灾，14名遇难者全部是因烟熏中毒而死；日本某百货大楼火灾死亡118人，有93人被烟熏死；美国某饭店火灾死亡84人，有67人被烟熏死，其他许多火灾案例都证明烟雾危害性很大。

火灾烟雾中含有大量的有毒气体，尤其在装饰过度的房间内，各种材料在遇到火以后都会放出有害的气体。因此，发生火灾时，防毒面具也很重要。

【分析】

火灾烟气还具有较高的温度，对人体也有危害性。着火房间，烟气温度可高达数百度，在地下建筑中可高达1000℃以上。了解火灾烟气的危害，知道逃生时要逃离和躲避哪些死亡因素，是非常重要的知识。

认知：

理解：

典型案例	你当时的心情	对你的触动

准备：

学会做：

火场逃生的自救方法

发生火灾后，要尽快从安全通道、安全出口和消防楼梯撤离，切勿盲目乱窜或使用电梯或为钱、财而耽误逃生；离火场时，遇到浓烟不要直立行走，应尽量采用低姿势行走或匍匐前行，用湿毛巾捂住口鼻，以免被浓烟窒息；楼梯已起火，但尚未烧断且火势不很猛烈时，可披上用水浸湿的衣裤或被单由楼上迅速冲下。

楼梯已经烧断且火势相当猛烈时，可利用绳子或把床单撕成条状连接起来，一端拴在牢固的门窗或其他重物上，然后顺绳子或布条滑下（三楼以上住户慎用）。

各种逃生之路均被切断时，应退回居室内。由于房间门窗紧闭时，空气不流畅，室内供氧不足，因此，火势发展缓慢，一旦门窗被打开，新鲜空气大量涌入，火势迅速发展；同时大量烟气涌入，容易使人中毒、窒息而死亡。另外，由于空气的对流作用，火焰就会向外窜出，因为在发生火灾时，不能随便开启门窗。应采取防烟堵火措施，关闭门窗，并向门窗上浇水，还要用湿毛巾捂住口鼻，做好个人防护，同时，向室外挥动鲜艳的东西（在夜晚则可向外打手电），发出求救信号。

逃生时一旦衣服被烧着，着火人可就地倒下打滚，把身上的火焰压灭，或由其他人帮忙扑灭火焰，切记不能奔跑。

1.在影剧院火灾时的逃生方法

要根据不同起火部位，选择相应的逃生方法：当舞台失火时，要尽量靠近放映厅的一端，掌握时机逃生；当观众厅失火时，可利用舞台、放映厅和观众厅的各个出口逃生；当放映厅失火时，可利用舞台和观众厅的各个出口逃生；不论何处起火，楼上的观众可从疏散门经楼梯向外疏散。

此外，还可就地取材，利用窗帘等物品自制救生器材，开辟疏散通道。

2.在歌舞厅、卡拉OK厅火灾时的逃生方法

在歌舞厅、卡拉OK厅火灾时首先保持冷静，辨明安全出口方向，选择多种途径逃生，如歌舞厅设在楼层底层，可直接从窗口跳出；若设在二、三楼时，可抓住窗台往下滑，让双脚先落地；如果歌舞厅设在高层楼房或地下建筑中，则应参照高层建筑或地下建筑的火灾逃生方法逃生；如果舞厅逃生通道被大火和浓烟堵截，又一时找不到辅助救生设施时，被困人员只有暂时逃向火势较弱区间，向窗外发出求援信号，等待消防人员营救。在逃生中要注意防止中毒，如采

取用水打湿衣服捂住口腔和鼻孔。若一时找不到水，可用饮料代替。逃生行动中，应采用低姿行走或匍匐爬行，以减少烟气对人体的危害。

3.乘坐公共汽车火灾时的逃生方法

乘坐公共汽车如遇到发动机着火后，在驾驶员开启车门后从车门迅速下车；如果着火部位在汽车中间，在驾驶员打开车门后，乘客从两头车门有秩序地下车。如果火焰小但封住了车门，乘客可用衣物蒙住头部，从车门冲下。如果车门线路被火烧坏，开启不了，乘客应砸开就近的车窗翻下车。由于火场情况的千变万化，逃生时也要根据实际情况而行。

扫码学微课：火灾中的逃生与自救

【案例1】

某年11月4日，某市公交车着火，车上还有十几名乘客。距离即将停靠的公交站牌仅10米远。“先是车头部分开始冒烟，随后火苗就蹿了起来，很快，公交车开始燃烧。”目击者王先生说。车门第一时间被打开，乘客就往下跑。不到一分钟，乘客都下完了。

某消防中队接警称，某地点有一辆公交车着火，中队迅速出动5辆消防车28名消防员赶赴现场，到场后发现车内乘客均已安全撤离，火势非常猛烈，官兵们立刻展开扑救，经40分钟的努力，大火被完全扑灭。

【分析】

如果不是司机反应灵敏，乘客有序逃生，共同创造了这次奇迹逃生。后果，又是什么呢?

【案例2】

凌晨3点左右，某区居民们还在睡梦中，3楼一户居民家的热水器突然短路起火，主人在仓促逃出屋的过程中，将窗户和门打开，加快了空气的对流，使火势在屋内迅速蔓延。接警的特勤一消防中队赶到现场后发现，由于通道狭窄，消防车无法靠近火场。消防战士们只得拿着水带狂奔300多米，用两支水枪冲着起火点猛喷。经过半个小时的扑救，大火才逐渐熄灭，但遭受火灾洗劫的房间已经漆黑一片，热水器、洗衣机等财物都被烧毁。

据了解，起火的居民家使用电器非常集中，许多电器都放在一个房间里。

【分析】

由于用电量大，电器超负荷运转，很容易发生短路。热水器放在潮湿的洗衣间里，也增加了发生短路的概率。在日常生活中，我们要经常对线路、电器进行定期检查，及时排除居家火灾安全隐患。同时注意电器分散放置，电器周围不放易燃物。发生火灾时，部分人想通过打开门窗将屋内有害气体和浓烟放出，这种做法会带入更多的氧气，使火情加剧。

认知：

理解：

典型案例	你当时的心情	对你的触动

准备：

学会做：

本章复盘

◎小问题

回答下面的问题，帮助你理解防“火灾”能力训练在家庭教育中的必要性。

1.防“火灾”能力训练的目的是什么？

2.防“火灾”能力训练首先要做到什么？

3.防“火灾”能力训练的步骤是什么？

4.防“火灾”能力训练有哪些要注意的环节？

5.防“火灾”能力训练有什么效果和表现？

6.防“火灾”能力训练和掌握知识应该如何区别？

7.防“火灾”能力训练的方式不同，效果有什么不一样？

8.生活中防“火灾”能力训练的问题有哪些？

如何做更好的父母

◎收起你的懦弱，摆出你的姿态，培养孩子防火灾能力，不要打击孩子的积极性。

◎就算周边的人（含家庭成员）都否定孩子，你也要相信孩子，不要管别人的看法。

◎很多事是尊重出来的，要相信，世上本没有做不到的事，只有不尊重人，才适得其反。

◎不管孩子如何，都可能不被欣赏，总有人认为他不够好，不管别人怎么看，你都不能不注意培养孩子的防火灾能力。

“管理好自己”思考题

【反向思维】

◎防“火灾”能力训练没有用，孩子就是不愿意学习！

◎防“火灾”能力训练孩子到位了，孩子还是不好好学！

◎我对孩子的防“火灾”能力训练，道不同不相为谋！

◎对孩子防“火灾”能力训练不到位，反而被别人瞧不起！

【正向思维】

◎防“火灾”能力训练之后，家庭和睦了！

◎防“火灾”能力训练之后，孩子的能力提高了！

◎防“火灾”能力训练之后，父母与孩子相处更融洽了！

◎防“火灾”能力训练之后，父母与孩子的误会没有了！

与心对话

每日一问：

家庭生活中总有一些磕磕绊绊，很多事情都需要对孩子进行防“火灾”能力训练，你面对这些问题是怎么解决的？你身边的家庭又是怎么处理的？

请将在家里看到的记录下来：

陶行知说：有了战斗之情绪与战胜之智慧，还必须有战到底之意志，才能克服大难，以至于成……

防水灾能力训练

- 洪水到来之前的准备
- 洪水到来时的自救
- 落水及被困后的自救
- 水灾发生后的逃生
- 重灾区避难措施及自救

洪水到来之前的准备

洪水到来之前的准备，要根据当地电视、广播等媒体提供的洪水信息，结合自己所处的位置和条件，冷静地选择最佳路线撤离，避免出现“人未走水先到”的被动局面；要认清路标，明确撤离的路线和目的地，避免因为惊慌而走错路；要采取以下自保措施：

（1）备足快餐食品或蒸煮够食用几天的食品，准备足够的饮用水和日用品。

（2）扎制木排、竹排，搜集木盆、木材、大件泡沫塑料等适合漂浮的材料，加工成救生装置以备急需。

（3）将不便携带的贵重物品做防水捆扎后埋入地下或放到高处，票款、首饰等小件贵重物品可缝在衣服内随身携带。

（4）保存好尚能使用的通信设备。

扫码学微课《紧要关头，把握生机之当心洪水》

【案例1】

每逢汛期，某乡的村干部住在堤坝上，以便第一时间掌握洪水情况。某乡人对洪水并不陌生，洪水到来之前已经转移200户人家、上千名村民到地势更高的位置。少数村民入住安置点，更多村民因移民建镇工程，在地势更高的区域，有自己的房屋。

今年，洪水的涨势很快，不到10天就有漫堤风险。

7月9日，某乡政府采用溢流道泄水，保护堤坝。

汛期开始前，某乡已经准备了大量抗洪必需的沙袋和泥土。

这里曾是县血吸虫病重度流行区之一。截至7月13日，没有村民患上血吸虫病。多个村干部说：下一步的抗洪重点，是防治洪灾可能带来的相关疾病。

洪水涨高后，有一处35千伏的输电线路距离水面只有40厘米，非常危险，决定断电。停电的第一个夜晚，24岁的张小宇一个人在家闷得慌，跑去找爷爷奶奶聊天。他尽量维持手机电量，靠3个充电宝和汽车电瓶充电。

是“3个充电宝和汽车电瓶”帮助小宇完成了任务。在停电的第二个夜晚，县交通运输局紧急抢修某大桥旁的堤坝路，才允许通行，小宇顺利处理了在南昌等待他决策的各类事项。

【分析】

针对频发的洪水灾害，我国不断加强防洪设施的建设，整治各级河道并且修建了大量的江河堤防工程，对淮河、黄河和长江开展专项治理工程，修建大量分洪工程和水库等防洪工程，对防御普通洪水、保证重点地区和城市的防洪安全有着重大的作用。

【案例2】

自7月8日暴雨以来，网帖就骂声不断，也总有人问，为什么没有接到撤离通知，事后政府也不安排救人？为什么政府要分洪？

这么多天了，不管是在转移村民，还是坐在办公室写稿，小张一直在回答乡亲们的质疑。

为什么要在此地分洪？真相是省里要求分洪，为了保证某市人民的利益，政府要求：先严防死守，不到最后一刻，绝不分洪。

随着水位不断上涨，实在顶不住的一刻，该市委书记语气凝重宣布“分洪”，那一瞬间，书记的眼泪差点掉下来。记者说。那一刻，我们也含着眼泪红了眼眶。

暴雨初下的那天晚上，市领导率领全市1000多名机关干部上了一线，20个应急转移班子组织群众转移，还有无数干部职工防守汉北堤，这些天来，大家投入这场防汛战斗中，只为人命关天，只为人民的生命财产安全。

这些天，市委书记夜以继日守在河边、在堤坝指挥，坐在河边的小木船上，不敢合眼。市长从上堤以来，一直驻守一线，一个多星期了，没换过衣服，记者说：“书记，一直守在堤上指挥，嗓子哑了，用笔和指挥人员交流。”

在这次洪灾中，几乎所有天门人，都上了一线，人们从来没有像今天这么齐心协力过。

报社两班轮换守堤，两班轮换转移群众，每班都要坚守一天一夜，女职工全部参与转移群众。

21号早晨，我们到达某市，在村里家家敲门，反复寻找留守村民。屋顶上有个老人身影晃了一下，我们赶紧往那家跑，敲门，没人应，我们只得一遍一遍大声叫：“爹爹，我们看到你了，赶紧转移吧，爹爹，保命要紧啊。”终于，门开了：“我不出去，水来了，我不怕。”不得已，几个男同事将厚门板拆下来，强行闯进屋，将83岁的老人抬出来，刚抬出门，老人挣脱下来，冲进屋，拿出锄头朝我们砍来，村里用车将老人的女儿接来劝他，老人才同意转移。

转移中，村民有各种不肯转移的理由。有的说：政府给钱，我们就转移；有的说：这么大年纪了，淹死正好还可以给孩子减轻负担；有的说：这里是自己一辈子的心血，坚决不离开，死也要死在这里。有的说：等衣服晾干了再搬。还有的说：饭还没吃呢，吃完晚饭再走……

没有去过现场的人，很难理解村民的心理，也不会知道村民的无奈。比如：有户人家只有一层楼，家里堆了一万多斤粮食，家人边走边哭，还频频回头，更令人不忍的是：有的村民家里有一窝鸡，却怎么赶也不进笼，无法带走，婆婆就边走边哭着说：“鸡啊，你和我们一样苦命啊……”

洪水即将到来，有个养猪户说：“如果我这一百多头猪不转出去，我宁可死在这里。”同事们和这家人一起，历尽千辛万苦，在臭气熏天的猪圈里踏着猪屎，拎着猪耳朵、推着猪屁股往外哄，一百多头，在最后一头猪被运上车时，大家才松了一口气，傻呆呆地笑了。

【分析】

洪水到来，面对村民如此心态，大家务必以安全为主，绝不能有任何从众心理，唯一的办法，就是听从组织安排，尽快转移。

认知：

理解：

典型案例	你当时的心情	对你的触动

准备：

学会做：

洪水到来时的自救

洪水到来时，来不及转移的人员，要就近迅速向山坡、高地、楼房、避洪台等地转移，或者立即爬上屋顶、楼房高层、大树、高墙等地避难；如洪水继续上涨，避难场所难自保，就要充分利用准备好的救生器材逃生，或者迅速找一些门板、桌椅、木床、大块的泡沫塑胶等能漂浮的材料将其扎成筏逃生；如果已被洪水包围，要设法与当地政府防汛部门取得联系，报告自己的方位和险情，积极寻求救援。

这里要特别注意的是：千万不要游泳逃生，不可攀爬带电的电线杆、铁塔，也不要爬到泥坯房或危房的屋顶；如已被卷入洪水中，一定要尽可能抓住固定的或能漂浮的东西，寻找机会逃生；如发现高压线铁塔倾斜或者电线断头下垂时，一定要迅速远避，防止直接触电或因地面“跨步电压”触电；洪水过后，要做好各项卫生防疫工作，预防疫病的流行。

扫码学微课《防雷电》

【案例1】

1998年，一场洪水冲毁了无数人的家园，也夺走了很多人的生命。在那场天灾中，年仅6岁的江某被奶奶推上了一棵白杨树。她一直紧紧地抱着树干，一抱就是一整夜。

9个小时后，武警救援人员发现了江某的身影，并将她救了下来。

23年前，江某曾在心里做出决定，武警消防救援人员救了自己的命，她以后也要成为像他们一样的人。

23年后，江某早已实现了她的梦想，成了一名人民警察，在工作岗位上发光发热。

据江某回忆，她被发现时抱着的树并非她最开始抱着的那棵。发洪水时，她和奶奶抱在同一棵树上，但是后来树倒下了，她就沉到了水中，水下都是泥土和沙石。她拼命地划水，划到手臂酸痛，她觉得很累很累。正在这时，她感觉到自己的后脑勺被什么东西打到了，她下意识地回过头去，就发现了第二棵树。

江某回忆起那时的画面，眼中含着泪花，声音也哽咽了起来，因为这场洪水夺走了她的家人。后来，武警救援人员救下了她，给了她第二次生命，也点燃了她心中的梦想。

【分析】

洪水到来时，来不及转移的人员，要就近爬上屋顶、楼房高层、大树等高的地方暂避，等待救援。

如洪水继续上涨，暂避的地方已难自保，就要迅速找一些门板、桌椅、木床、大块的泡沫、塑料等能漂浮的材料扎成筏逃生。注意：千万不要游泳逃生。如已被卷入洪水中，一定要尽可能抓住固定的或能漂浮的东西，寻找机会逃生。

【案例2】

中午，某村在持续强降雨的冲刷下，滑塌下来的石沙冲垮了村民覃某家的后门，积起来的淤泥有一人高。

“幸亏我住在二楼，不然人就没了。”65岁的覃某说，她赶紧往屋外面跑，又被滚落的石头砸伤了右脚，当时没顾得那么多，踉踉跄跄跑到村口临时大棚后，才发现脚已经肿得无法行走，疼痛难忍。

此时，手机信号中断，连通外界的道路也被洪水浸泡。村民小组长韦某发现覃某的伤口有感染的风险，便冒着大雨到有信号的地方，打电话向镇里报信。

镇纪委书记接到信息后，马上带着几名党员干部提着急救箱和救援物资出发，并联系了镇卫生院的救护车在未受淹的安全地带等候，人员则徒步3公里进入内兴屯。

从山上奔流而下的山洪像一条条瀑布，不断冲刷着进村的道路，淤泥和积水最深处已到人的腰部。“当时路上水流湍急，淤泥也深，但我们没想那么多，转移受伤群众要紧。”书记说。

15时左右，他们到达内兴屯，为覃某简单处理伤口后，书记把自己的雨衣披到覃某芝身上，和另外5名党员干部轮流背着覃某芝向外转移。

随行的一名工作人员用相机定格了这样一个瞬间：滔滔洪水中，一名干部背着覃某，身旁三名拿着医药箱和其他物品的干部互相搀扶着前行。几名干部的衣服已经湿透，身上全是泥巴，而覃某穿着雨衣，伤口还被塑料袋包裹着。

【分析】

经过1个多小时的涉水前进，覃某被送到早已等候在路边的救护车上，送往卫生院进行进一步治疗，而书记等干部继续前往其他受灾较重的村屯进行救援，当天23时左右才回到镇上。

认知：

理解：

典型案例	你当时的心情	对你的触动

准备：

学会做：

落水及被困后的自救

落水后千万不要着急，首先要屏住呼吸，放松身体，这样人体就会自然地漂浮出水面，如果遇有类似水草之物缠住了脚，千万不要慌张，屏住呼吸，用手和脚轻轻地把它解开。

如果在水中游泳时，遇到脚抽筋，也不要紧张，弯曲身体，双手抱脚，等待救援。

水灾后应谨慎选择饮用水，事先储备的饮用水才是最安全的。因此应事先储备一些干净水放在清洁密闭的空间里。如必须饮用河水、雨水等要烧开杀菌再饮用。

水灾发生后如何救援？如夜晚直升机在救援时，可用手电筒、蜡烛向直升机发送救援信号。白天可用镜子反光和挥动颜色鲜艳的物品。

扫码学微课《海啸威力知多少》

【案例1】

记者赶到断桥现场时，这里已被警方封锁。一位道班工人告诉记者：“当时我们在桥北侧做拦挡防护，怕洪水来了，大桥发生意外。突然，发现一辆大货车驶向桥中央，赶紧打手势，提醒司机：‘桥上危险’，司机没有理会，硬是把车开上大桥，此时，只听‘轰隆’一声，大桥突然垮塌，汽车随即坠入河水中。”

据现场村民李某说，桥面垮塌时，他就站在不远处，桥面掉入河中的一刹那，掀起很高的水花，只看见河面上漂起很多红色的包装纸箱，不一会儿就看到河面上有五六个人在挣扎呼救："定睛一看，大桥共塌了4个孔，当时的情景太吓人了。掉到河水里的人顺着急流往下冲，村民急忙喊：'大桥塌了，赶快救人哪'，人们蜂拥向下游跑。"

现场有围观村民告诉记者，当时还有一辆小车和几名围观村民掉到桥下，但未得到相关部门的确认。

村民李某救起了货车司机，当时他正骑着摩托车走在河边的公路上，突然听到有人喊"桥塌了"，就急忙向下游赶，大约骑了1公里远后，他看见一个人在水中上下挣扎，后来这个人抱住了一棵大树。

李某忙从摩托车上取来一根绳索，然后蹚着没胸的河水，向水中挣扎的人靠近，五六米远时，李某龙把绳索甩向那个人，甩了好几次，那人才抓住绳索。就在此时，由于河水湍急，李某差点被带入水中。大约5分钟后，李某将水中的人救上岸。

"那人当时一看就吓坏了，上岸了还死死抓着绳索，不断道谢，后来，才听说他就是大货车司机师傅。"

司机师傅说，当时他看见他之前有个摩托车先坠入河中，他赶紧踩刹车，在倒车时，突然掉到河里了。

据李某仁介绍，桥是1976年修的，长约22米，宽约12米。去年夏天曾做过桥面修理。

【案例2】

在古代，水灾是导致疫病发生的一个常见原因。

水灾带来的直接结果就是人口和牲畜的伤亡。淹死的牲畜、人尸和被洪水冲刷的垃圾被带到人们生活的每一个角落。由于卫生治理水平有限，这些死亡的人员和牲畜的尸体一旦不能得到及时掩埋、垃圾又得不到及时清理的话，便为致病性病菌的产生和滋长提供了温床，成为病菌生长繁殖的理想场所，变成菌源产生的地点。

史记中记载的因水灾而导致疫病的情况非常多，如：嘉靖元年夏（衡阳）大水，城圮水退，民多瘟死；永乐十四年五月，金华，大水漂屋，疫病大作；永乐十四年七月，邵武光泽大水，八月大疫；万历十六年，山阴、会稽、萧山、余姚、上虞自秋雨，至冬至始晴，大饥，次年又淫雨，疫病交作。是岁，登州府地震者再，七月，大雨坏城垣，民以疫死者四千一百二十八人。

【分析】

大水过后，饮用水源难免也会受到污染，大量的细菌进入饮用水源里头，这些受到污染的水源如果不经处理或没有足够时间自我净化就被人们饮用，那就存在生病的隐患。

认知：

理解：

典型案例	你当时的心情	对你的触动

准备：

学会做：

水灾发生后的逃生

严重的水灾通常发生在江河湖溪沿岸及低洼地区，遇到突如其来的水灾，该如何自救逃生呢？

1.等候营救

如果来不及转移，也不必惊慌，可向高处（如结实的楼房顶、大树上）转移，等候救援人员营救。

2.堵住空隙

为防止洪水涌入屋内，首先要堵住大门下面所有空隙。最好在门槛外侧放上沙袋，可用麻袋、草袋或布袋、塑料袋，里面塞满沙子、泥土、碎石。如果预料洪水还会上涨，那么底层窗槛外也要堆上沙袋。

3.储备食物

如果洪水不断上涨，应在楼上储备一些食物、饮用水、保暖衣物以及烧开水的用具。

4.制作木筏

如果水灾严重，水位不断上涨，就必须自制木筏逃生。任何入水能浮的东西，如床板、箱子及柜、门板等，都可用来制作木筏。如果一时找不到绳子，可将床单、被单等撕开来代替。

5.保存体力

在爬上木筏之前，一定要试试木筏能否漂浮，食品、发信号用具（如哨子、手电筒、旗帜、鲜艳的床单）、划桨等是必不可少的。在离开房屋漂浮之前，要吃些含较多热量的食物，如巧克力、糖、甜糕点等，并喝些热饮料，以增强体力。

6.离家准备

在离开家门之前，还要把煤气阀、电源总开关等关掉。

时间允许的话，将贵重物品用毛毯卷好，收藏在楼上的柜子里。出门时最好把房门关好，以免家产随水漂流掉。

扫码学微课《雨天防触电秘籍》

【案例1】

6名船工从“漂流”汽车中抢救出一家5口。

13日一早，某河段，往日平静的河水浑浊汹涌，一辆红色的越野车被洪水裹挟着“漂流”，水已淹没车身一半。

“咦，这么好的车都没人要？”在岸边查看船只的某河段景区的船工黄某有点好奇。他仔细一看，这并不是一辆空车，从车窗隐隐约约可以看到车内坐满了人。就在这时，车又往下沉没了许多。

车内是来旅游的徐先生一家。这天，他们早早启程，想尽快回到国道离开旅游地，在冲过了两个不大不小的水坑，拐下桥后，徐先生明显感到车辆无法抓地前行，很快就被水流冲着往下游走。

失去控制的瞬间，徐先生和妻子都惊声尖叫了起来。赶在熄火前一刻，徐先生立即让家人将车窗摇下来，试图从车窗逃离，但很快大量水流不断涌入车内。

危急时刻，黄某、冯某等6名船工分别从不同方向赶到车辆两侧，接连不断地将车内人员拉出。

“小孩子先被递出来，我又将后座的女士拉了出来，司机自己从车窗出来了。”黄某回忆说，另一边，徐先生的岳父也被紧急拉出，在车辆沉没的最后一刻，徐先生的岳母从车窗钻了出来。

【分析】

整个救援过程只持续了1分多钟，但是就在这短暂时间里，黄某在内的6名船工，与时间赛跑，挽救了一家五口的性命。

【案例2】

天刚蒙蒙亮，下了一整晚的大雨突然引发河水暴涨，洪水漫过河堤，肆无忌惮地冲进沿岸村民家中，道路被淹、房屋受损、村民受困，情况万分危急。灾情发生后，当地干部群众与消防救援人员一起，在风雨中科学、有序、及时、安全地转移了被困群众。期间，一幕幕惊险、感动、温暖的抢险救援场面，谱写了一首首齐心协力保卫家园的动人诗篇。

“不好喽，不好喽，河水淹到房子了，大家赶快跑。”9月9日晚，大雨下了整整一夜，某村组的超市老板柏某一夜未眠，9月10日凌晨6点零5分，发现河水暴涨后，他大声呼喊。

“我今年43岁，从来没有见过这样大的河水，真是太吓人。”回忆当时的情形，柏某仍然心有余悸。

柏某的惊呼声打破了凌晨的寂静，村民王某被唤醒，慌乱之中，眼前的一幕让她惊呆了：河水已经漫过门窗流进了家里，房门受水压影响已经打不开。

“我们刚刚逃离出来，居住的活动板房就被冲垮，太危险了，幸好家人都安全逃离出来。”王某说。水势越来越大，与王某一家一同被困的还有金某等总共7户21名村民，大家爬上一栋民房楼顶避险，险情随时可能发生。

“大家不要急，先稳住，我们想办法救你们。”河岸对面，闻讯赶来的镇干部职工、村民，大声对被困村民喊话，商讨施救办法。形势紧迫，容不得多想，在镇里面主要领导的指挥下，王某某与李某某、陈某某、兰某某等水性较好的几位村民迅速行动，他们当即找来三个汽车轮胎内胎、绳索，第一时间开启救援。

“大家在岸上拉住系在轮胎上的绳子，我坐轮胎过去把他们救过来。”水性最好的兰某某率先下水游过对岸施救。

“小心点，注意安全。”在大家的提醒下，兰某某借助轮胎的浮力，艰难地游到了对岸。

“不要怕，快上来，你坐轮胎，我推着你过去，放心，没有问题的。”兰某某在水中推，众人在岸边拉绳子，成功将一位被困村民救了出来。李某某、陈某某接着下水，用同样的方法施救，一个、两个、三个……越来越多的村民被救了出来。

“紧急集合！某镇发生河水暴涨、部分村民受困！立即赶往遇险地开展救援！”9月10日7时29分，消防队接到市消防救援支队指挥中心指示后，3辆警车、18名消防队员紧急赶往现场。

8时52分，救援队伍到达现场。经向当地派出所民警、村干部和村民了解情况，救援队员现场指挥员、县消防救援大队大队长朱队长立即命令设置观察哨，并使用无人机进行侦查。

在消防队员、当地干部群众的营救下，被困的7户21名村民全部救出，无人员伤亡。

“看到消防救援人员前来，一直悬着的心终于放下了，感谢大家对我们的援助。”谈起被救，金某某感谢不已。

洪水从地势较低的多栋房屋四周肆虐而过，水流湍急，救生皮划艇无法下水，对救援造成困难。通过缜密思考，消防救援人员因地制宜，科学、合理地制订出了施救方案，将就近一建筑工作脚手架搬来，作为临时“浮桥”使用，并利用绳索进行加固，消防指战员通过浮桥挺进灾害现场，挨家挨户搜寻被困群众，为他们穿上救生衣，并利用保护绳和消防员护行的“双重保护”方式，有序输送群众经过浮桥到达安全地带。对于行动不便的金某某和朱某某两名高龄老人，消防员以背为“桥”，用背的方式进行疏散。

【分析】

当被洪水围困在建筑物上时，首先要注意房屋是否有经洪水浸泡而坍塌的可能，如可能坍塌，马上向安全处转移，与此同时尽快与当地政府防汛部门取得联系，报告自己的方位和险情，积极寻求救援。最后要注意利用燃火、放烟、呼喊及挥动鲜艳衣物等求救方法，以便让搜救人员发现，得到援助。

认知：

理解：

典型案例	你当时的心情	对你的触动

准备：

学会做：

重灾区避难措施及自救

处于水深在0.7m至2m的淹没区内，或洪水流速较大难以在其中生活的居民，应及时采取避难措施。因避难主要是大规模、有组织的避难，所以要注意：

1.要让避难路线家喻户晓

让每一个避难者弄清，洪水先淹何处，后淹何处，以选择最佳路线，避免造成“人到洪水到”的被动局面。

2.要认清路标

在那些洪水多发的地区，政府修筑有避难道路。一般说来，这种道路应是单行线，以减少交通混乱和阻塞。在那些避难道路上，设有指示前进方向的路标，如果避难人群未很好地识别路标，盲目地走错路，再往回折返，便会与其他人群产生碰撞、拥挤，产生不必要的混乱。

3.保持镇定

掌握“灾害心理学”实际上也是一种学问。专家介绍，在一个拥有150万人口的滞洪区，当地曾做过一次避难演习，仅仅是一个演习，竟因为人多混乱挤塌了桥，发生死伤事故。在洪灾中，避难者由于自身的苦痛、家庭的巨大损失，已经是人心惶惶，如果再受到流言蜚语的蛊惑、避难队伍中突然发出的喊叫、警车和救护车警笛的乱鸣这些外来的干扰，极易产生不必要的惊恐和混乱。

4.确定安全

避灾专家们认为，避难场所的选择不容忽视。避难所一般应选择在距家最近、地势较高、交通较为方便处，应有上下水设施，卫生条件较好，与外界可保持良好的通讯、交通联系。在城市中大多是高层建筑的平坦楼顶，地势较高或有牢固楼房的学校、医院，以及地势高、条件较好的公园等。

农村的避难场所大体有两类：一是大堤上，但那里卫生条件差，缺少上下水设施，人们只是将洪水沉淀一下、洒些漂白粉直接饮用；加之人畜吃喝、排泄都在这里，生活垃圾堆积，时间一长，极易染上疾病；二是村对村、户对户，邻近村与受灾村结成长期的“对手村”关系。在洪水多发的乡村，政府通过发放卡片方式形成“对手户”。这是外国所不具备的，我国人民长期与洪水斗争保留下来的良好传统。

5.洪水自救

遇到洪水怎么办？首先应该迅速登上牢固的高层建筑避险，而后要与救援部门取得联系，同时，注意收集各种漂浮物，木盆、木桶都不失为逃离险境的好工具。紧接着就要分析洪水中人员失踪的原因：一方面是洪水流量大，可能会猝不及防；另一方面也是因为有的人不了解水情而涉险入水。所以，洪水中必须注意的是，不了解水情一定要在安全地带等待救援。

扫码学微课《溺水自救篇》

【案例1】

某市遭受暴雨侵袭，造成道路积水严重、路面湿滑，山塘水库、稻田河渠水流湍急，影响道路正常通行，险情、安全隐患骤然增多。

当天上午，某派出所接到一群众报警称：在某镇一路段，有人好像连车和人被洪水冲走了，其他情况不明。接到报警后，派出所迅速出警，由带班的邓副所长带队前往救援。到达现场后，眼前一片汪洋，洪水滚滚，汹涌澎湃。只见一中年妇女和一辆电动车被洪水围困，妇女看到警察到了不停地呼喊快救救我呀……这时的邓副所长大声与她进行对话，稳住妇女害怕、着急的心情，同时组织同志们分组展开营救。

天公不作美，雨下个不停，民警们奋不顾身冒雨进行救援；随后，拿来了绳子和铁丝，并将一辆农用车开到了水中，民警们站在农用车车厢后面慢慢地丢放绳子和铁丝，分别系在跌落洪水中妇女的身上和电动车上，另一组人员紧紧地拽住绳索，轻轻地向岸边拖移，但此时的雨越下越大，民警们一身全被雨淋湿透了，但是他们没一个退缩的。经过大家的齐心相助、共同努力，这位被洪水冲到水中间的妇女终于被救上了岸，捡回了一条命，转危为安。

跌落洪水中的妇女早上从家里出发准备回娘家，途经事发路段时，虽然看到了马路被洪水淹没，但由于陈某过于自信觉得能够骑电动车通过，在行至一半时却被洪水冲下马路并坠入水中，所幸被路人发现并及时报了警，否则后果不堪设想。成功获救的陈某心存感激，见人时不停地说：感谢警察同志救了我一命！

【分析】

在暴雨洪水中骑行是非常危险的行为。电动车本身重量较轻，积水路面情况复杂很容易出现失控、失衡等情况；电机和控制器容易出现进水短路的情况，威胁驾驶者的安全。

【案例2】

暴雨来袭，某医院配电房失守！无法给“保温箱宝宝”续电，“有没有人能帮帮医院的宝宝和孕妇？”这则求救信息在连日来遭遇暴雨的某市市民的朋友圈中被大量转发。

某医院受内涝影响停电，应急电源只能使用90分钟，15名尚在保温箱的新生儿以及20名待产孕妇面临“缺电之困”。“七点半的时候，院子里的水位大幅上涨，在短时间内就跟河一样涌入大厅。”某医院院长张某说。

中午12点多，在完成计划的最后一台手术后，医院关停配电房设备，调来沙袋封堵一楼配电房大门，转移病人到楼上，并在消防等部门的帮助下，利用橡皮艇分批将当天出院的病人及家属转移出去。

供电分局接到医院求助后，立刻派出应急电源车涉水赶往医院。

“到达某医院的时候，现场的环境是比较恶劣的。”供电局作业员屈某说。医院大院水深一度超过70多厘米，水中还有鱼在游，一楼大厅有30多厘米深积水，病房全部进水，不仅存在漏电隐患，还给应急电源的接入造成不利影响。

应急发电车与医院的配电箱相隔了数十米。“我们把医院的凳子、桌子摆在一起做成一道‘桥’，电缆在上面通过就接触不到积水了。”屈某说。当时医院的护士也跟他们一起干，经过几小时的努力，医院基本供电得以及时恢复。

在整个救援过程中，新生儿的保温箱没有发生断电，还有3名婴儿顺利诞生。

【分析】

如果在室内遭遇洪水，一定不能掉以轻心，在洪涝灾害中有为数不少的受害者死于触电。当我们发现水漫入家中时，一定要及时切断电源，携带食物、饮用水和通信设备向高层或者房顶转移。转移途中发现高压线铁塔倾倒、电线低垂或断折时，要远离避险，不可触摸或接近，防止触电（图3）。

认知：

理解：

典型案例	你当时的心情	对你的触动

准备：

学会做：

本章复盘

◎小问题

回答下面的问题，帮助你理解防“水灾”能力训练在家庭教育中的必要性。

1.防“水灾”能力训练的目的是什么？

2.防“水灾”能力训练首先要做到什么？

3.防“水灾”能力训练的步骤是什么？

4.防“水灾”能力训练有哪些要注意的环节？

5.防“水灾”能力训练有什么效果和表现？

6.防“水灾”能力训练和掌握知识应该如何区别？

7.防“水灾”能力训练的方式不同，效果有什么不一样？

8. 生活中防“水灾”能力训练的问题有哪些？

如何做更好的父母

◎收起你的懦弱，摆出你的姿态，培养孩子防水灾的能力，不要打击孩子的积极性！

◎ 就算周边的人（含家庭成员）都否定孩子，你也要相信孩子，不要管别人的看法。

◎ 很多事是尊重出来的，要相信，世上本没有做不到的事，只有不尊重人，才适得其反。

◎ 不管孩子如何，都可能不被欣赏，总有人认为他不够好，不管别人怎么看，你都不能不注意培养孩子的防水灾能力！

“管理好自己”思考题

【反向思维】

◎ 防“水灾”能力训练没有用，孩子就是不愿意学习！

◎ 防“水火”能力训练孩子到位了，孩子还是不好好学！

◎ 我对孩子的防“水灾”能力训练，道不同不相为谋！

◎ 对孩子防“水灾”能力训练不到位，反而被别人瞧不起！

【正向思维】

◎ 防“水灾”能力训练之后，家庭和睦了！

◎ 防“水灾”能力训练之后，孩子的能力提高了！

◎ 防“水灾”能力训练之后，父母与孩子相处更融洽了！

◎ 防“水灾”能力训练之后，父母与孩子的误会没有了！

与心对话

每日一问：

家庭生活中总有一些磕磕绊绊，很多事情都需要对孩子进行防“水灾”能力训练，你面对这些问题是怎么解决的？你身边的家庭又是怎么处理的？

请将在家里看到的记录下来：

陶行知说：应付环境必须具有坚强的人格和百折不回的精神。我们处在任何环境里面，必抱有坚强人格，不可自由摇动，尤其到了利害生死关头之时，必富有“富贵不能淫，贫贱不能移，威武不能屈的气概。”这才称得一个真正的大丈夫，真正的国民。

防地震能力训练

- 何谓地震
- 地震发生前的预兆
- 地震来临时的自我保护
- 地震发生后的伤员救护

何谓地震

地震（earthquake），又称地动、地振动，是地壳快速释放能量过程中造成的振动，期间会产生地震波的一种自然现象。地球上板块与板块之间相互挤压碰撞，造成板块边沿及板块内部产生错动和破裂，是引起地震的主要原因。

地震开始发生的地点称为震源，震源正上方的地面称为震中。破坏性地震的地面振动最烈处称为极震区，极震区往往也就是震中所在的地区。地震常常造成严重人员伤亡，能引起火灾、水灾、有毒气体泄漏、细菌及放射性物质扩散，还可能造成海啸、滑坡、崩塌、地裂缝等次生灾害。

据统计，地球上每年约发生500多万次地震，即每天要发生上万次的地震。其中绝大多数太小或太远，以至于人们感觉不到；真正能对人类造成严重危害的地震大约有十几二十次；能造成特别严重灾害的地震大约有一两次。人们感觉不到的地震，必须用地震仪才能记录下来；不同类型的地震仪能记录不同强度、不同远近的地震。世界上运转着数以千计的各种地震仪器日夜监测着地震的动向。

1. 地震的位置

地球分为三层：中心层是地核，中间是地幔，外层是地壳。

地球的平均半径为6370公里左右，地壳厚度为35公里左右，大多数破坏性地震就发生在地壳内。但地震不仅发生在地壳之中，也会发生在软流层当中。

据地震部门测定，深源地震一般发生在地下300~700公里处。到目前为止，已知的最深的震源是720公里。从这一点来看，传统的板块挤压地层断裂学说并不能合理解释深源地震，因为720公里深处并不存在固态物质。科学家设想将地球岩石图画出来，这样对预测地震有很大帮助。

2. 地震的成因

地球表层的岩石圈。地壳岩层受力后快速破裂错动引起地表振动或破坏就叫地震。

由于地质构造活动引发的地震叫构造地震；

由于火山活动造成的地震叫火山地震；

固岩层（特别是石灰岩）塌陷引起的地震叫塌陷地震。

地震是一种极其普通和常见的一种自然现象，但由于地壳构造的复杂性和震源区的不可直观性，关于地震特别构造地震，它是怎样孕育和发生的，其成因和机制是什么的问题，至今尚无完满的解答，但目前科学家比较公认的解释是，构造地震是由地壳板块运动造成的。

由于地球在无休止地自转和公转，其内部物质也在不停地进行分异，所以，围绕在地球表面的地壳，或者说岩石圈也在不断地生成、演变和运动，这便促成了全球性地壳构造运动。关于地壳构造和海陆变迁，科学家们经历了漫长的观察、描述和分析，先后形成了不同的假说、构想和学说。

板块构造学说又称新全球构造学说，则是形成较晚（20

世纪60年代），已为广大地学工作者所接受的一个关于地壳构造运动的学说。

3. 地震的类别

（1）根据发生的位置分类，地震有板缘地震、板内地震、火山地震。

板缘地震（板块边界地震）：发生在板块边界上的地震，环太平洋地震带上绝大多数地震属于此类。

板内地震：发生在板块内部的地震，如欧亚大陆内部（包括中国）的地震多属此类。

板内地震除与板块运动有关，还要受局部地质环境的影响，其发震的原因与规律比板缘地震更复杂。

火山地震：是由火山爆发时所引起的能量冲击，而产生的地壳振动。

（2）根据震动性质不同分类，地震有天然地震、人工地震和脉动。

天然地震是指自然界发生的地震现象；人工地震是由爆破、核试验等人为因素引起的地面震动；脉动是由于大气活动、海浪冲击等原因引起的地球表层的经常性微动。

（3）按地震形成的原因分类，地震又可分为构造地震、火山地震、陷落地震、诱发地震和人工地震。

构造地震是由于岩层断裂，发生变位错动，在地质构造上发生巨大变化而产生的地震，所以叫做构造地震，也叫断裂地震。

火山地震是由火山爆发时所引起的能量冲击，而产生的地壳振动。火山地震有时也相当强烈。但这种地震所波及的地区通常只限于火山附近的几十公里远的范围内，而且发生次数也较少，只占地震次数的7%左右，所造成的危害较轻。

陷落地震是由于地层陷落引起的地震。这种地震发生的次数更少，只占地震总次数的3%左右，震级很小，影响范围有限，破坏也较小。

诱发地震是在特定的地区因某种地壳外界因素诱发（如陨石坠落、水库蓄水、深井注水）而引起的地震。

人工地震是由地下核爆炸、炸药爆破等人为引起的地面振动即人为活动引起的地震。如工业爆破、地下核爆炸造成的振动；在深井中进行高压注水以及大水库蓄水后增加了地壳的压力，有时也会诱发地震。

（4）根据震源深度进行分类可分为：浅源地震、中源地震和深源地震。

浅源地震：震源深度小于70公里的地震，大多数破坏性地震是浅源地震。

中源地震：震源深度为60～300公里。

深源地震：震源深度在300公里以上的地震，到目前为止，世界上纪录到的最深地震的震源深度为786公里。

一年中，全球所有地震释放的能量约有85%来自浅源地震，12%来自中源地震，3%来自深源地震。

（5）按地震的远近分类可分为地方震、近震、远震。

地方震的震中距小于100公里的地震；近震的震中距为100～1000公里；远震的震中距大于1000公里的地震。

（6）按震级大小分类可分为弱震、有感地震、中强震和强震。

弱震是指震级小于3级的地震；有感地震是指震级等于或大于3级、小于或等于4.5级的地震；中强震是指震级大于4.5级，小于6级的地震；强震是指震级等于或大于6级的地震，其中震级大于或等于8级的叫巨大地震。

（7）按破坏程度分类可分为一般破坏性地震、中等破坏性地震、严重破坏性地震和特大破坏性地震。

一般破坏性地震是指造成数人至数十人死亡，或直接经济损失在1亿元以下（含1亿元）的地震；中等破坏性地震是指造成数十人至数百人死亡，或直接经济损失在1亿元以上（不含1亿元）、5亿元以下的地震；严重破坏性地震是指人口稠密地区发生的七级以上地震、大中城市发生的六级以上地震，或者造成数百至数千人死亡，或直接经济损失在5亿元以上、30亿元以下的地震；特大破坏性地震是指大中城市发生的7级以上地震，或造成万人以上死亡，或直接经济损失在30亿元以上的地震。

（8）构造地震可分为孤立型地震、余震型地震、双震型地震和震群型地震。

孤立型地震是指有突出的主震，余震次数少、强度低；主震所释放的能量占全序列的99.9%以上；主震震级和最大余震相差2.4级以上；余震型地震是指主震非常突出，余震十分丰富；最大地震所释放的能量占全序列的90%以上；主震震级和最大余震相差0.7～2.4级；双震型地震是指：一次地震活动序列中，90%以上的能量主要由发生时间接近，地点接近，大小接近的两次地震释放；震群型地震是指有两个以上大小相近的主震，余震十分丰富；主要能量通过多次震级相近的地震释放，最大地震所释放的能量占全序列的90%以下；主震震级和最大余震相差0.7级以下。

【案例1】

北京时间1976年7月28日03时42分53.8秒，中国河北省唐山、丰南一带(东经118.2° ，北纬39.6°)发生了强度里氏7.8级(矩震级7.5级)，震中烈度Ⅺ度，震源深度23千米的地震。地震持续约12秒。有感范围广达14个省、市、自治区，其中北京市和天津市受到严重波及。强震产生的能量相当于400颗广岛原子弹爆炸。整个唐山市顷刻间夷为平地，全市交通、通讯、供水、供电中断。唐山地震没有小规模前震，而且发生于凌晨人们熟睡之时，使得绝大部分人毫无防备，造成242769人死亡，重伤16.4万人，名列20世纪世界地震史死亡人数之首。

（资料来源：中国地震网）

【分析】

唐山属于华北地区地震带，由于地下深处岩层错动、破裂所造成的。我国的地震活动主要分布在五个地区的23条地震带上。这五个地区是：台湾省及其附近海域；西南地区，主要是西藏、四川西部和云南中西部；西北地区，主要在甘肃河西走廊、青海、宁夏、天山南北麓；华北地区，主要在太行山两侧、汾渭河谷、阴山-燕山一带、山东中部和渤海湾；东南沿海的广东、福建等地。我国的台湾省位于环太平洋地震带上，西藏、新疆、云南、四川、青海等省区位于喜马拉雅-地中海地震带上，其他省区处于相关的地震带上。（资料来源：中国地震网）

【案例2】

据美国有线电视新闻网（CNN）发布消息称：加利福尼亚州发生25年来最强地震。地震等级为6.4级，震源距离洛杉矶196公里。拉斯维加斯甚至都有震感。最强烈的震荡过后，又发生四次较轻地震，分别为4.7级、3.5级、3.8级和4.2级。地震震中位于加州美利坚峡谷西北方约8公里处，震源深度10.8公里。地震发生后，加州州长布朗随即宣布进入紧急状态，地震造成约3 万户家庭停电，大约有100宗煤气泄漏，60处水管爆裂，6处火灾。距离震中10 公里的纳帕县在这次地震中灾情惨重，该县的法院和图书馆损毁严重，到处断电、水管爆裂，有餐厅内的碎酒瓶散落一地。医院挤满伤者，不少人割伤、瘀伤，当局在停车场设起临时帐篷，每隔几分钟便有病人由救护车送抵。

美国地质勘探局机构预计，此次地震给当地带来至少10亿美元的经济损失。居民忆述地震时，仍心有余悸。一名母亲表示，事发时，自己正和年幼的儿子在熟睡，“这太疯狂，所有东西都由墙上掉落，整间屋都在震动。”不少民众在推特上留言报平安，一名住户表示，杂物由架上掉落地面，玻璃碎裂，但住宅没明显损毁。也有住户表示，自上世纪90年代以来，从没感受过这么大的地震。纳帕官员在记者会上说，地震至今已造成至少170人受伤，伤者没有生命危险。重伤者都是因坠落物致伤。

【分析】

这次加州地震，很多生活在加州的人都没有害怕，原因就是他们住的都是木质的房屋，就算倒塌也不至于砸死人。美国木结构房子韧性大，且因木结构房子的箱式结构将力均分，自身结构轻，又有很强的弹性回复性，对于瞬间冲击荷载和周期性疲劳破坏有很强的抵抗能力，所以在大地震中吸收的地震力小，结构在基础发生位移时可由自身的弹性复位而不至于发生倒塌。

认知：

理解：

典型案例	你当时的心情	对你的触动

准备：

学会做：

地震发生前的预兆

地震发生前自然界出现可能与地震孕育、发生有关的各种征兆称作地震前兆（图4）。地震发生前的预兆大体有微观前兆和宏观前兆两类：

微观前兆：人的感官不易觉察，须用仪器才能测量到的震前变化。例如，地面的变形，地球的磁场、重力场的变化，地下水化学成分的变化，小地震的活动等。

宏观前兆：人的感官能觉察到的地震前兆。它们大多在临近地震发生时出现。如井水的升降、变浑，动物行为反常，地声、地光等。

1. 地下水异常

（1）水位、水量的反常变化。如天旱时节井水水位上升，泉水水量增加；丰水季节水位反而下降或泉水断流。有时还出现井水自流、自喷等现象。

（2）水质的变化。如井水、泉水等变色、变味（如变苦、变甜）、变浑，有异味等。

（3）水温的变化。水温超过正常变化范围。

（4）其他。如翻花冒泡、喷气发响、井壁变形等。

2. 生物异常

地震发生前生物异常是指动物的行为异常。动物是观察地震前兆的“活仪器”，它们往往在震前出现各种反常行为，向人们预示灾难的临近。已发现有上百种动物震前有一定反常表现，其中异常反应比较普遍的有20多种，最常见的动物异常现象有：①惊恐反应：如大牲畜不进圈，狗狂吠，鸟或昆虫惊飞、非正常群迁等；②抑制型异常：如行为变得迟缓，或发呆发痴，不知所措或不肯进食等；③生活习性变化：如冬眠的蛇出洞，老鼠白天活动不怕人，大批青蛙上岸活动等。

3. 电磁异常

电磁异常是指地震前家用电器，如收音机、电视机、日光灯等出现的失灵现象。最常见的是收音机的失灵、手机信号减弱或消失、电子闹钟失灵等现象。

4. 地声

临近地震发生前，往往有声响自地下深处传来，这就是

"地声"。地声一般出现在震前几分钟、几小时、几天或更早；以临震前几分钟出现得最多。

地声的声响与平日人们熟悉的声音不同且多种多样。如"犹如列车从地下奔驰而来""似采石放连珠炮般的声响""类似于机器轰鸣声""狂风呼啸声""石头相互摩擦声"等等。但是，有时地声也不易与远处传来的风声、雷声、机器轰鸣声等相鉴别。

5. 地光

地光也是临震前的一种宏观现象，我国已在多次地震前观测到，地光一般出现在临震前或地震来临时，也有出现在地震前数小时或更早的。

地光的颜色很多，有红、黄、蓝、白、紫等，有的也像电火光。它们的形状各异，有带状光、片形光、球状光、柱状光、火样光等。地光出现的时间一般很短，所以不易观测。鉴别地光也有一定难度，因为它的形状和颜色有时也与电焊光、闪电等有相似之处。（该资料来源于《地震工程学 第2版》胡聿贤著 地震出版社）

【案例1】

1978年美国地质调查局出版的《地震情报通报》刊登了一张幽默照片：一只闭眼张口、惊恐惨叫的黑猩猩，照片上方写着："为什么我能预报地震，而地震学家们不能？"这是人类的自责。然而人们常常忘了：人是社会的动物，即使在同大自然的斗争中，人也只是作为一个整体，才能显示出他们的力量。当人各自为战的时候，也并不比动物有更多的优越性。仅仅依赖本能，人甚至远不及动物。在地震这样重大而又神秘的自然灾害面前，人们没有形成一个防范的整体，没有相应的通讯渠道和手段对自然界的异常信息进行及时的收集和处理，他们怎能不被突降的恶魔各个击破？唐山大地震的前兆，是否真实也待考证，但汶川大地震前兆，多次奇怪新闻报道，让我们感悟到什么？

据人们回忆：唐山大地震前至少有四种预兆：一是鱼儿像是疯了：7月20日前后，离唐山不远的沿海渔场，梭鱼、鲶鱼、鲈板鱼纷纷上浮、翻白，极易捕捉，渔民们遇到了从未有过的好运气；二是飞虫、鸟类和蝙蝠失去“理智”：唐山以南天津大沽口海面，“长湖”号油轮船员目睹；三是动物界的逃亡大迁徙：唐山地区滦南县城公社王东庄王盖山于7月27日亲眼看见棉花地里成群；四是水位的变化：7月下旬起，北戴河一带海面的礁石被海水吞没了。

【分析】

在自然界发生的与地震有关的异常现象，我们称之为地震前兆，它包括微观前兆和宏观前兆两大类。常见的地震前兆现象有：地震活动异常、地震波速度变化、地壳变形、地下水异常变化、地下水中氡气含量或其他化学成分的变化、地应力变化、地电变化、地磁变化、重力异常、动物异常、地声、地光、地温异常等。当然，上述这些异常变化都是很复杂的，往往并不一定是由地震引起的。如地下水位的升降就与降雨、干旱、人为抽水和灌溉有关。再如动物异常往往与天气变化、饲养条件的改变、生存条件的变化以及动物本身的生理状态变化等有关。因此，我们必须在首先识别出这些变化原因的基础上，再来考虑是否与地震有关。

认知：

理解：

典型案例	你当时的心情	对你的触动

准备：

学会做：

地震来临时的自我保护

地震造成的灾害往往突然且严重。为避免孩子在地震时发生意外，现将地震来临时的防护措施介绍如下，供父母教育孩子时参考：

1.家庭避震

地震预警时间短暂，室内避震更具有现实性，而室内房屋倒塌后会形成的三角空间是人们得以幸存相对安全的地点，可称为家庭避震空间。

地震来临时如果孩子在家中要就地选择室内三角空间避震，迅速到：

（1）桌子、床等坚固家具旁。

（2）内墙墙根、墙角。

（3）厨房、厕所、储藏室等开间小、有承重墙的地方。

2.户外避震

地震来临时如果孩子正在户外，要就地选择开阔地避震，到达开阔地后：

（1）要蹲下或趴下，以免摔倒。

（2）不要乱跑，避免人多拥挤的地方。

（3）要避开高大建筑物或构筑物，如楼房，有玻璃幕墙的建筑、过街桥、立交桥、高烟囱、水塔等。

（4）要避开危险物、高耸或悬挂物，如变压器、电线杆、路灯等；广告牌、吊车等。

（5）避开其他危险场所，如狭窄的街道、危旧房屋、危墙、高门脸、雨篷下、砖瓦和木料堆放处等。

3.学校避震

在学校中，学校领导和教师会结合教学活动，向学生们讲述地震和防、避震知识、安排学生转移。父母要教育孩子服从教师的指挥，按撤离的路线和场地有秩序地撤离。

地震来临时孩子在学校应该躲避在：

（1）比较坚固、安全的课桌下、讲台旁。

（2）教学楼内的学生可以到开间小、有管道支撑的房间里。

（3）绝不可慌张、乱跑或者跳楼等。

4.街上行走避震

地震发生时，孩子如正在街上行走，就要特别注意高层建筑物的玻璃碎片和大楼外侧混凝土碎块，以及广告招牌、马口铁板、霓虹灯架等，避免掉下来的伤害。孩子在街上行走时发生地震：

（1）要将身边的皮包或柔软的物品顶在头上。

（2）空手无物品时可用手护在头上。

（3）做好自我防御的准备，镇静、迅速离开电线杆和围墙，快速跑向开阔的地区躲避。

5.工厂车间避震

地震来临时，如果孩子在工厂车间实习或工作可以：

（1）躲在车、机床及较高大设备下。

（2）特殊岗位要首先关闭易燃易爆、有毒气体阀门，降低高温、高压管道的温度和压力，关闭运转设备。

（3）撤离工作现场。

（4）及时处理可能发生的意外事件，防止意外灾害的发生。

6.乘车避震

地震来临时如果孩子正在乘车就要注意：

（1）迅速躲在车内的柱子或座席旁。

（2）保护头部防止行李从架上掉下砸伤。

（3）面朝行车方向时，要将胳膊靠在前座席的椅垫上，护住面部。

（4）身体倾向通道，两手护住头部。

（5）背朝行车方向，两手护住后脑部，抬膝护腹，紧缩身体，做好防御一切可能外来的袭击的准备。

7.楼房内避震

地震来临时如果孩子在楼房内就要注意：

（1）保持清醒、冷静的头脑，及时判别震动状况，千万不可慌乱中跳楼。

（2）躲避在坚实的家具或墙角处，亦可转移到承重墙较多、开间小的厨房、厕所等。

（3）寻找安全空间和通道进行躲避。

8.商店避震

地震来临时如果孩子在百货公司时就要注意：

（1）要保持镇静避免人员慌乱，商品下落，使避难通道阻塞。

（2）躲在近处的大柱子和大商品旁边（避开商品陈列橱）。

（3）朝着没有障碍的通道躲避，然后屈身蹲下，等待地震平息。

（4）处于楼上位置，原则上向底层转移。

（5）看准脱险的合适时机听从服务员的指挥，就近躲避。

9.公共场所避震

地震来临时，如果孩子在其他公共场所时就要注意：

（1）听从现场工作人员的指挥，不要慌乱。

（2）不要拥向出口，要避免拥挤。

（3）要避开人流，避免被挤到墙壁或栅栏处。

（4）如果在影剧院、体育馆等处：

①就地蹲下或趴在排椅下。

②注意避开吊灯、电扇等悬挂物。

③用书包等保护头部。

④等地震过去后，听从工作人员指挥，有组织地撤离。

（5）如果在书店、展览、地铁等处：

①选择结实的柜台、商品（如低矮家具等）或柱子边。

②在内墙角等处就地蹲下，用手或其他东西护头。

③避开玻璃门窗、玻璃橱窗或柜台。

④避开高大不稳或摆放重物、易碎品的货架。

⑤避开广告牌、吊灯等高耸或悬挂物。

（6）如在行驶的电（汽）车内：

①抓牢扶手，以免摔倒或碰伤。

②降低重心，躲在座位附近。

③地震过去后再下车。

（7）不同处所人员避震方法

地震时就近躲避，震后迅速撤离到安全的地方是应急防护的较好方法。所谓就近躲避，就是因地制宜地根据不同的情况做出不同的对策。

扫码学微课《紧急关头，把握生机之地震来了》

【案例1】

据中国地震局的报道：震中位于四川省阿坝藏族羌族自治州汶川县映秀镇与漩口镇交界处发生了地震——汶川大地震。

地震的面波震级达8.0Ms、矩震级达8.3Mw，严重破坏地区超过10万平方千米。地震烈度达到9度。共造成69227人死亡，374643人受伤，17923人失踪。这是中华人民共和国成立以来破坏力最大的地震。

四川省某中学校长叶某在地震前对教学楼进行了彻底的加固，从2005年起每学期在全校组织一次紧急疏散演练。当地震发生时，老师大喊：所有人趴在桌子下！

学生们立即趴下去。老师们把教室的前后门都打开了，怕地震扭曲了房门。

地震波一过，学生们立即冲出教室。

平时的多次演习，在地震发生后，全校2300多名师生，从不同的教学楼和不同的教室中，全部冲到操场，以班级为组织站好，用时1分36秒。

虽然学校遭遇重创，但全校师生无一伤亡。

【分析】

平时对地震常识的宣传，以及预防和演练很重要，只有准备充足，才会避免不必要的伤亡。

【案例2】

1976年7月28日凌晨3点42分，唐山市发生里氏7.8级（矩震级7.5级）大地震，震中烈度11度，震源深度12千米。

该地震持续约23秒后，唐山被夷成废墟，656136间民用建筑倒塌和受到严重破坏，直接经济损失达30亿元人民币以上，重伤16.4万人，死亡242769人。

唐山某电厂内，地震发生前配电工马某和几名同事如同往常一样在厂房内配电室工作。厂房有十几米高，配电室是厂房内的小房间，面积是6平方米。当时正在工作的他们首先听到外面像刮大风似的呼呼响，之后突然感到地面摇晃，电灯也开始狂摆，人勉强能站住。紧接着摇晃颠簸得相当强烈，门窗作响玻璃破碎，人很难站稳，几个人立即蹲到了北墙角。这时地晃得连蹲也蹲不稳，只好坐在地上，用手紧紧抱着头。灯也熄灭了，眼前一片漆黑。周围都在乒乓乱响，随后厂房全部倒塌。

这一切发生得非常快，总共也就十几秒钟。配电室的墙是向南倒的，形成了一个三角空间，几人因此幸免于难。

【分析】

地震后房屋倒塌有时会在室内形成三角空间，这些地方是人们得以幸存的相对安全地点，可称其为避震空间，它包括床沿下、坚固家具下、内墙墙根、墙角等开间小的地方。躲避时需做好头部防护，用手或其他物品护住头部。同时注意躲避位置上方没有悬挂物，以防出现次生灾害。

认知：

理解：

典型案例	你当时的心情	对你的触动

准备：

学会做：

地震发生后的伤员救护

地震来临会有大批伤亡可见。地震造成的伤害主要由房屋倒塌造成人体砸伤、压伤。尤其是头颅、胸腹、四肢、脊柱受伤的情况较多。出现大批伤员，现场救护往往需要大家的帮助，因此，做好自我保护、转移伤员、现场急救是每一位公民的职责。

1.现场救护

救护伤员时首先要掌握现场特点，包括房屋倒塌程度、水电、通信等设施破坏程度，受伤人员所处的具体位置等。

救护伤员需迅速组成现场救护队伍，让伤员脱离受伤现场。选定安全场地后再对伤员进行救护。

救护伤员时要根据伤员受伤程度、受伤部位、体征变化等进行分类，按伤员伤情的轻重缓急进行救护和向医院转送。

（1）现场急救：

①呼吸心跳停止立即行心肺复苏，首先要清除掉口鼻腔中的泥土，保护呼吸道通畅，迅速转送医院。

②休克伤员平卧，尽量减少搬动。地震造成的休克往往伴胸腹外伤，要迅速转送医院。

③开放伤，要迅速清除伤口周围泥土，用敷料或其他洁净物品包扎、止血。地震造成开放伤口破伤风和气性坏疽发生率很高，应尽快送医院彻底清创，肌注破伤风抗毒素。

④四肢骨折选择一切可利用的方法进行妥善固定后迅速转送医院。

⑤脊柱骨折地震多见，脊柱骨折现场不易发现。

（2）转移伤员

①保持冷静，忙而不乱，有效地转移伤员。

②分清轻重缓急，分别对伤员进行救护和转送。

③怀疑有骨折，尤其是脊柱骨折时，不应让伤员试行行走，以免加重损伤。

④脊柱骨折伤员一定用木板搬运，不能用帆布等软担架搬运，防止脊髓损伤加重。

⑤搬动和转送时要格外注意：

颈椎骨折搬动时要保持头部与身体轴线一致；胸腰椎骨折搬动时身体保持平直，防止脊髓损伤。有截瘫时同样要按上述方法搬动，防止加重脊髓损伤。颈骨折要围领等方法固定。所有脊柱骨折都要用平板搬运。途中要将伤员与平板之间用宽带妥善固定，尽量减少颠簸对骨髓造成的损伤。

（3）搬运受伤人员的方法：

若只有一位救护员可采取的方法：

①扶行法：适宜清醒伤病者。没有骨折，伤势不重，能自己行走的伤病者。

方法：救护者站在身旁，将其一侧上肢绕过救护者颈部，用手抓住伤病者的手，另一只手绕到伤病者背后，搀扶行走。

②背负法：适用老幼、体轻、清醒的伤病者。

方法：救护者朝向伤病者蹲下，让伤员将双臂从救护员肩上伸到胸前，两手紧握。救护员抓住伤病者的大腿，慢慢站起来。如有上下肢、脊柱骨折不能用此法。

③爬行法：适用清醒或昏迷伤者。在狭窄空间或浓烟的环境下。

④抱持法：适于年幼伤病者，体轻者没有骨折，伤势不重，是短距离搬运的最佳方法。

方法：救护者蹲在伤病者的一侧，面向伤员，一只手放在伤病者的大腿下，另一只手绕到伤病者的背后，然后将其轻轻抱起。如有脊柱或大腿骨折禁用此法。

（4）若有两位救护员可采取的方法：

①轿杠式：适用清醒伤病者。

方法：两名救护者面对面各自用右手握住自己的左手腕。再用左手握住对方右手腕，然后，蹲下让伤病者将两上肢分别放到两名救护者的颈后，再坐到相互握紧的手上。两名救护者同时站起，行走时同时迈出外侧的腿，保持步调一致。

②双人拉车式：适于意识不清的伤病者。

方法：将伤病者移上椅子、担架或在狭窄地方搬运伤者。两名救护者，一人站在伤病者的背后将两手从伤病者腋下插入，把伤病者两前臂交叉于胸前，再抓住伤病者的手腕，把伤病者抱在怀里，另一人反身站在伤病者两腿中间将伤病者两腿抬起，两名救护者一前一后地行走。

（5）若有三或四位救护员可采取的方法：

三人或四人平托式适用于脊柱骨折的伤者。

①三人异侧运送。

方法：两名救护者站在伤病者的一侧，分别在肩、腰、臀部、膝部，第三名救护者可站在对面，伤病者的臀部，两臂伸向伤员臀下，握住对方救护员的手腕。三名救护员同时单膝跪地，分别抱住伤病者肩、后背、臀、膝部，然后同时站立抬起伤病者。

②四人异侧运送。

方法：三名救护者站在伤病者的一侧，分别在头、腰、膝部，第四名救护者位于伤病者的另一侧保护。四名救护员同时单膝跪地，分别抱住伤病者颈、肩、后背、臀、膝部，再同时站立抬起伤病者。

扫码学微课《紧急关头，把握生机之地震埋压怎么办？》

【案例1】

四川省汶川县发生8级强烈地震，灾区人民遭受了重大的生命伤亡和巨大的财产损失。消息传来，陕西省地震灾害紧急救援队员纷纷请缨，强烈要求到灾区抢险救灾。当天下午，陕西省政府命令省地震灾害紧急救援队赴四川灾区救灾。救援队由陕西省消防总队下属的消防特勤大队特1、特2中队，渭南消防支队，咸阳消防支队的111名官兵和省地震局两名结构专家及一名司机共114人组成。这是陕西省地震灾害紧急救援队在经过专业训练之后，第一次遇到抗震抢险、也是第一次到外埠执行任务。

地震灾害紧急救援队充分发挥了技术力量过硬、专业知识丰富的优势，利用生命探测仪导向，成功地搜救出了北川县电信大楼废墟中的2名幸存者。他通过敲击楼板，验证生命迹象；与幸存者对话，判断出准确的位置。又采取顶杆、切割、锤击等方法扩大幸存者身处的空间。他们所在的北川电信大楼废墟，仍在余震中摇动。

有些建筑挂件一触即落。每挪动下一块建筑物都会因为沉力而造成再次坍塌。在抢救中必须轻拿轻放，给本来就十分艰难的救援工作带来了更大的危险。战士们遵循着“既保护被救者安全，又注意自身安全”的原则，完成了此次救援任务。

一栋三层大楼在震灾中整体下挫。刘先生在楼边失声痛哭。他的妻子陈某在地震中被下挫的楼房压在了楼下整整三天三夜。只能听见妻子微弱的呼救声。当某抢险救援分队经过此处时，刘先生给战士们哭着跪下，请求救出他的妻子。面对着痛哭着的刘先生，临时党支部书记刘某说：“咱到北川是干啥来了？整天拿着生命探测仪找人救哩，现在有了需要咱救的人，咱还能不管？救！”在党支部的带领下，战士调动了所有的智慧。救援一组袁组长后来说：“陈某能救出来，多亏了咱临时党支部书记刘某。”

要救出陈某，要把地面上的楼板一块块地搬开，找到陈某所在的具体位置，还要看她身上压着何物，再扩大陈某所处的空间，最后才能谈到救出陈某。这是一般的救援办法，但这样需要很长时间，陈某的生命已到极限！经过一番研究，决定用另一种搜救方案。

刘某请求部队援助，力所能及地搬开了一部分楼板。再将挪不走的楼板用人力的方法打开一条三十公分的缝隙，发现了陈某的具体位置；然后从地面上寻找通往陈某“路线”。经过12个小时的努力，终于打开了一条通往陈某身边的狭小通道。战士江某爬到陈某身边。他看到陈某的一条腿被水泥板死死地压住。陈某用微弱的声音向江某求救。看到眼前的情景，江某想到，如果要救出陈某，只有一个办法——将她被压的腿锯掉！江某爬出来给刘某汇报了所见到的情况，并汇报了他的想法。

刘某把这唯一的办法说给刘先生，并对此表示了深深的遗憾。战士们请来了部队医疗队的军医。但狭小的空间又无法进行截肢前的输液。大家与军医商量后决定，在截肢后的一瞬间把陈某拖出，然后再立即输液。

此时已是深夜，所有的一切都需要光线。战士们急中生智，发动了附近的一辆汽车，用汽车灯光照明。但陈某所在的位置又距离楼外过远。

战士们采用“接力拖拉”的方法拖出了陈某。一个人拉着陈某，另外几个战士一个拉一个……陈某最终被成功救出。

消息在灾区传出，有的搜救队和有关专家认为，某抢险救援分队创造了抗震救灾史上的一个奇迹！

【分析】

地震被埋时，首先应该设法将手脚挣脱出来，挪开挤压头部、胸部的物品，清理脸部的砂石泥土，保持呼吸畅通。当灰尘、异味过大时，可以用湿衣物捂住口鼻，不要乱叫，保持体力，用敲击求救。被困时间过长，要想办法维持自己的生命，尽量寻找食物和饮用水，必要时尿液也能起到提供水分的作用，为获救争取时间。

【案例2】

5月14日8时左右，有群众反映某小学被埋压的学生有幸存者。省地震救援队指挥长穆某立即带领救援队员们穿过倾斜的危房进去勘查，发现教学楼基本倒塌，一楼全部垮塌，部分楼层地板完全垮塌，只剩下倾斜的危墙。靠近山脚的五年级2班教室在一楼，有两名幸存的学生。

其中，一名同学身体完好，一名同学的腿被钢筋水泥梁柱死死地压住。由于山体滑坡，滑坡泥土已湮没学校楼的墙根。埋压学生的建筑物二、三楼和外墙已全部垮塌，而基本没有支撑的顶楼地板悬挂在施救场地上方，随时都有坍塌的可能。

为保障被埋压学生安全救出和同时确保施救人员的安全，救援队员们就地将一棵大树锯断，用树干作为木梁支撑房屋顶板，然后破拆楼房一楼的地板，于13时30分，将被埋压在底层的两名同学成功救出，身体完好。

【分析】

一般在地震营救时，可以根据呻吟、敲击和呼喊声确定被困者位置。在挖掘过程中注意保护已有支撑物，防止二次伤害。尽可能使伤者头部首先暴露出来，清理口鼻异物，保持呼吸通畅。如果被困人员没有呼吸，应立即进行人工呼吸。对于长时间受重压或怀疑有外伤或者骨折的被困者，最好等待专业人员营救（图5）。

认知：

理解：

典型案例	你当时的心情	对你的触动

准备：

学会做：

本章复盘

◎小问题

回答下面的问题，帮助你理解防“地震”能力训练在家庭教育中的必要性。

1.防“地震”能力训练的目的是什么？

2.防“地震”能力训练首先要做到什么？

3.防“地震”能力训练的步骤是什么？

4.防“地震”能力训练有哪些要注意的环节？

5.防“地震”能力训练有什么效果和表现？

6.防“地震”能力训练和掌握知识应该如何区别？

7.防“地震”能力训练的方式不同，效果有什么不一样？

8.防“地震”能力训练的问题有哪些？

如何做更好的父母

◎收起你的懦弱，摆出你的姿态，培养孩子防“地震”能力，不要打击孩子的积极性。

◎就算周边的人（含家庭成员）都否定孩子，你也要相信孩子，不要管别人的看法。

◎很多事是尊重出来的，要相信，世上本没有做不到的事，只有不尊重人，才适得其反。

◎不管孩子如何，都可能不被欣赏，总有人认为他不够好，不管别人怎么看，你都不能不注意培养防“地震”能力。

“管理好自己”思考题

【反向思维】

◎防“地震”能力训练没有用，孩子就是不学！

◎防“地震”能力训练到位了，孩子还是不学！

◎我对孩子防“地震”能力训练，道不同不相为谋！

◎对孩子防“地震”能力训练不到位，反而被别人瞧不起！

【正向思维】

◎防“地震”能力训练之后，心里踏实了！

◎防“地震”能力训练之后，孩子的能力提高了！

◎防“地震”能力训练之后，父母与孩子相处更融洽了！

◎防“地震”能力训练之后，父母与孩子的误会没有了！

与心对话

每日一问：

明天和意外，你永远不知道哪个会先来，对孩子进行防“地震”能力训练很有必要你面对这些问题是怎么解决的？你身边的家庭又是怎么处理的？

请将在家里看到的记录下来：

陶行知说：我们每天要问的是："自己的道德有没有进步？有，进步了多少？"为什么要这样问？因为道德是做人的根本。根本一坏，纵使你有一些学问和本领，也无甚用处。否则，没有道德的人，学问和本领愈大，就能为非作恶愈大。所以我在不久以前，就提出"人格防"来，要我们大家"建筑人格长城"。建筑人格长城的基础，就是道德（分"公德"与"私德"）。

防抢劫能力训练

- 夜晚不要在偏僻黑暗处行走
- 要勇于同坏人坏事进行斗争
- 不要贪图意外的小便宜
- 不要接受陌生人礼物

夜晚不要在偏僻黑暗处行走

有的歹徒专门在人员稀少的地方作案，待有人走过时，突然窜出，并以种种方法要挟，迫使对方掏钱、给物，这就是抢劫。所以放学后不要在偏僻的、人烟稀少的地方行走，以免受到抢劫和不必要的伤害。

要和同学结伴而行，有的歹徒经常在夜间或行人稀少的地方潜伏，持械抢劫过往的行人。

所以，回家路上尤其是在夜间应在行人较多时出行，或与同学结伴而行。

扫码学微课《防抢劫》

【案例1】

某区的张女士在晚上回家的途中，突遭惊险一幕。一名男子趁张女士不备，勒住张女士的脖子并将她拖倒在地，采用暴力方式将张女士脖子上的一条金项链抢走。

某公安局分局派出所值班民警在接到张女士的报警后迅速赶往现场，由于张女士受到过度惊吓，语言表达不清，民警先将张女士送回派出所休息。因为事发地没有监控，民警只能在案发现场附近寻找目击者，力求获取到嫌疑人的体貌特征和逃跑方向等有用信息。

考虑到案件影响恶劣，某刑警大队南部中队立即派出精干警力同某派出所民警组成5·23专案组全力侦办此案。因为事发现场没有监控，无法获得嫌疑人的体貌特征，警方随后对张女士当晚回家的行动轨迹进行分析。发现张女士当晚还路过了派出所门口，民警立即调取派出所门口的监控。

在案件的调查过程中，让办案民警疑惑不解的是，案发地距离派出所仅不到两百米，而根据派出所门前的监控显示，嫌疑人在尾随张女士途中还经过了派出所门前，但这并没能打消他抢劫的念头。与此同时，视频侦查民警在调阅嫌疑人的逃跑沿线的监控后有了重大发现。监控显示，嫌疑人乘坐一辆出租车，在一家典当行把抢来的金项链以8千元当掉。

民警根据典当行负责人提供的男子信息，锁定了蔡某具有重大作案嫌疑。随后，办案民警将犯罪嫌疑人蔡某抓获归案。

犯罪嫌疑人蔡某，有两次故意伤害前科，三次因吸毒被公安机关处理，抢劫前刚吸食过毒品。嫌疑人自述因没有钱吸毒，当时就采取了抢劫的行为。抢劫当晚23时许，嫌疑人又利用典当来的钱购买了一部分毒品。犯罪嫌疑人蔡某因涉嫌抢劫已被依法刑事拘留，涉案的金项链已被警方追回，蔡某的吸毒违法行为已移交禁毒大队做另案处理。

【分析】

预防抢劫，首先要提高安全意识。避免在夜晚独自出行，不去偏僻、没有灯的街道，身上不佩戴显眼的贵重物品。当遇到抢劫时，一定要保持冷静，以人身生命为重，对比双方的力量，根据具体情况选择合适的应对策略与其进行周旋，找寻逃跑机会。过程中要注意观察作案人，尽量准确地记下其特征，如身高、年龄、体态、发型、衣着、胡须、疤痕、语言、行为等特征，为警察抓捕嫌疑人提供线索。

【案例2】

8月某日深夜，某市的大三男生陈同学从同学家串门后独自回家，途中在ATM机上取了100元钱，竟遭歹徒尾随抢劫。

晚上11点半左右，陈同学串完门后，一个人骑电动车回家，途中经过某银行，当时身上没带钱的他便去ATM机取钱。取完100元钱后，陈同学继续前行。骑到某路口交界处时，红灯亮了，他便停下来等红灯转绿。突然，陈同学头部遭到重击，眼前一黑，血从头上流了下来。他抬头发现有七八个人骑着摩托车围住他，马上意识到自己遭到抢劫了。

歹徒对陈同学推来推去，并开始扯他的背包，拉开拉链找值钱的东西，但一无所获。陈同学趁歹徒不注意时赶紧逃走。随后，陈同学到医院包扎，缝了四五针，医生告诉他伤口有3厘米长。

陈同学以前走这条路都没有被抢劫过，这次一定是取完钱被歹徒盯上了。

【分析】

在生活中我们也应该避免独自一人去银行，尤其是晚上。在进出银行时，一定要观察周围的情况。发现有人尾随，尽量选择人多路段行走，不要马上回家，可向路人求助，并拨打报警电话。

认知：

理解：

典型案例	你当时的心情	对你的触动

准备：

学会做：

要勇于同坏人坏事进行斗争

凡抢劫的歹徒在作案时，虽然声色俱厉，实际上，他们色厉内荏，做贼心虚。只要机智、勇敢地与歹徒进行斗争，并高声呼救，其结果往往是歹徒首先害怕而逃走。

外出时不要轻信于人。有的歹徒以带路、帮找旅店为名将行人带到偏僻处行抢；有的无中生有编造事实，对他人进行欺诈，强行带到偏僻处行抢；有的以路远用自行车捎带或用汽车顺路捎带为由，将事主拉到偏僻处行抢。故公民外出时不要轻信于人，不要贪图女色，凡事要多问几个为什么，不要轻易跟随不相识的人走。

【案例1】

某日傍晚，家住新仓的刘女士在海塘边看海时，遭遇了持刀抢劫的惊魂时刻。

事情当天傍晚，刘女士和朋友们一起来看海。朋友都去挡浪堤处游玩了，嫌风大的她独自留在海塘。

6点左右，她想先回家。就在这时，意外发生了。

受害人刘女士称：在她向车靠近距离车三四米左右时，犯罪嫌疑人突然朝她狂奔过来，拿着一把刀直接对刘女士说："我要抢劫！你不许叫！""你叫了我让你吃刀子！"

遭遇持刀抢劫，刘女士吓坏了。好在她很快反应了过来，她是如何应对的呢？

刘女士说："你需要钱我给你，我的钱在车里。"因为我当时肯定要说有钱。为什么呢？说有钱他才会有希望，如果说没钱，把他激怒了，没准真的一刀子捅过来。

派出所民警事后分析："刘女士语气比较委婉，一直叫犯罪嫌疑人哥，让犯罪嫌疑人可能心肠也稍微软了一点，然后积极配合犯罪嫌疑人去拿钱。"

刘女士的缓兵之计让嫌疑人的态度有所缓和，逼得也没有那么紧了，等到了车上，刘女士的反应也十分机智。她从包里拿了点现金给嫌疑人，因为他一只手拿刀，另外一只手去接钱，刘女士就趁这个时候把车门给关起来，直接按锁车键锁车。

刘女士从包里拿了605元给了他，这个时候，恰好海塘边又有别的车驶来，刘女士便以此为说辞，劝退了对方。

刘女士说："你拿了之后赶紧走，以后不要再这个样子了，当时我看他犹豫了，可能是被我的话影响了，我看到他的反应了。"

刘女士虽然被抢走了钱，却成功避免了人身伤害，在这个过程中，她记下了嫌疑人的体态特征，等对方一走，她马上报警。在接警的3小时内，民警将犯罪嫌疑人姜某缉拿归案。

【分析】

面对突如其来的抢劫，刘女士头脑始终保持清醒。当嫌疑人提出要抢劫时，刘女士并未用激烈的话语去激怒他，而是表示车内有钱，进一步寻找逃跑机会。在沟通的过程中，刘女士表现得十分配合，让嫌疑人放松了警惕。之后上车锁车，在相对安全的处境下也依然好言相劝；最后利用过往车辆给予嫌疑人心理压力，以极小的代价保护自己的人身安全，同时清楚记下嫌疑人的特征，为案件快速侦破提供了关键线索。

【案例2】

某日，一女士在搭车过程中遇上了热心“同乡”，未加考虑就坐上了对方的“顺风车”。令她没想到的是，这位热心“同乡”将其载到一个偏僻的地方对其实施了抢劫。记者从公安分局获悉，通过大量走访及相关线索分析研判，公安局很快便将嫌疑人抓获归案，嫌疑人竟是名前科累累的惯犯。

事发经过如下：某公安刑侦大队接市民郭女士报警，称其当日下午被人抢劫随身金饰品及现金，价值数千元。接报后，民警立即赶至现场。经了解案发经过，原来郭女士当日下午在汽车站等车准备乘车返家。

中途一名中年男子驾驶摩托车向其靠近并搭讪询问目的地。郭女士未多加防范，随口告知正准备搭乘中巴车返家。该中年男子立即说自己是同乡，正要去往那里，可以顺路带她。郭女士听后未多加考虑便答应了，坐上了该中年男子的车。

乘车途中，郭女士发觉摩托车逐渐偏离了返家路线，遂质问中年男子。可中年男子根本不予理会，驾车向僻静处驶去，最终将车停在茅家岭附近一处无人空地中。在空地，中年男子对郭女士实施抢劫，抢走其随身佩戴金饰品及包内现金后逃离现场。

为严惩暴力犯罪，尽快将犯罪嫌疑人抓获归案，通过大量走访及相关线索分析研判，侦办民警很快锁定了嫌疑人身份为周某，一名前科累累的抢劫惯犯，且近期刚刚刑满释放。

通过进一步追踪及走访调查，民警逐渐摸清了周某的落脚地点。经耐心蹲守后，民警成功将躲藏多日的周某抓获归案。

经审讯，周某对其抢劫郭女士随身金饰品及现金的犯罪事实供认不讳。

【分析】

出门不携带大量现金和贵重物品。在公共场合如商场、车站等不炫耀、不显露贵重物品。对于陌生人提高警惕，不轻信陌生人的话，不贪图小便宜都可以有效避免被抢。

认知：

理解：

典型案例	你当时的心情	对你的触动

准备：

学会做：

不要贪图意外的小便宜

有的歹徒采取钓鱼的方法，欲要取之，必先予之。先对事主施以小恩小惠，引诱事主上钩，然后带到偏僻处行抢。故公民外出旅游、出差、做生意时，不要贪图意外的便宜，不要轻易与不相识的人去吃饭、看电影、逛公园，要有自身保护意识。

【案例1】

女子黄某听信几名陌生人的话，说到车站外面坐车能便宜20元，黄某跟着对方走到汽车站旁的一个巷子内，不料全部行李都被对方抢走了。

早晨5:30，黄某打车到旅游汽车站，当时车站还没开始售票，“我坐在售票大厅，身旁的位置上坐着一个男的说，他也到某地，我去买票时，那个男的也站在我旁边买票。”黄某说，就在她排队买票时，又来了一个男的和一个女的，他们问我到什么地方，说如果去某地就便宜20元。

大意的黄某听了他们的话，跟他们走到车站旁的一个巷子里。这时，对方趁黄某不注意，将她身上的一个挎包和一个箱包抢走了。

黄某的行李被抢后，她试图让人帮忙追赶，当时就让一个摩的司机追，结果没赶上。

【分析】

购票一定要通过正规渠道购买，避免贪小便宜和图方便的心理。独自一人时，对于自称老乡、目的地相同主动搭讪的陌生人要更加提高警惕，不给犯罪分子可乘之机。

【案例2】

某公安分局接县公安局指挥中心指令：一外地妇女报称自己被人强奸并抢劫。民警立即赶往事发现场，初步调查后了解到，当日16时许，50岁的妇女张某独自一人坐公交车来到某地旅游时，遇见一名骑着两轮摩托车年约40岁的男子，此男子声称自己可以带着该妇女在景区游玩，而且只收20元车费。

张某听信了男子的话，坐上了他的摩托车。游玩当中，该男子又以去河边观赏荷花为由，将张某载至河浮桥路边、距公路约三公里的苇荡内狭窄地带。当时已至傍晚，该男子凶相毕露，将张某强奸并劫走身上仅有的700余元钱，后驾驶摩托车扬长而去。

【分析】

出门旅行尽量与亲朋好友结伴同行，如果单独外出则必须提高自我保护意识，不要贪图便宜、方便，不要轻信陌生人的花言巧语，更不要进入危险地带，遇有紧急或危险情况，可拨打110报警电话或其他求救电话寻求支援。

认知：

理解：

典型案例	你当时的心情	对你的触动

准备：

学会做：

不要接受陌生人礼物

有的歹徒将麻醉药品放在香烟、食品、饮料中，或冒充治病的良药欺骗事主服用，将事主麻醉后进行抢劫。故公民外出时，对陌生人给的香烟、食品、饮料不要轻易饮用，对陌生人给的治病物也不要轻易服用或注射，以免被歹徒麻醉后进行抢劫。

一旦发生抢劫的案件后，事主应马上向公安机关报案，将被抢的时间、地点、财物数量、歹徒的人数、衣着、口音、特征，事情经过等详细向公安机关讲明。因事主与抢劫人有一段时间的接触，对歹徒比较熟悉，所以要积极协助公安机关查找作案的歹徒，以便及时破案，打击犯罪活动。

【案例1】

兄弟俩不务正业，设计抢劫老板。某日，福建省南平市延平区检察院以涉嫌抢劫罪对黄某某、黄某依法提起公诉。

黄某和黄某某是来南平打工的兄弟俩。他们在一家木竹制品厂打工时，见老板徐某常常身上带着很多现金，且经常到工棚里与工友下棋，便决定设计抢劫徐某。

事发日10时许，黄某某和黄某邀请徐某到宿舍内下象棋。趁黄某某和徐某下棋时，黄某用一根木棍从背后殴打徐某，黄某某用事先准备好的砖头砸徐某头部，掐徐某的脖子。两人抢走徐某随身携带的1万元人民币后逃走。次日，黄某某被抓获。不久，黄某也在外地落网。

【分析】

对生意场上相识的人、推销商品的人员、小贩及陌生人等不了解底细的人员不要轻易放入室内，以免引狼入室，发生入室抢劫。

【案例2】

中国驻外某使馆通过其网站发布警告，提醒中国游客加强安全保护意识，警惕遭当地犯罪分子下药迷昏进而被犯罪分子抢劫。

近日，某国发生多起中国公民遭陌生人搭讪迷昏被抢劫财物的案件。根据相关受害人介绍，作案人通常是当地女子团伙，她们以单身人员为目标，以结伴而行或请吃当地美食为由开始搭讪，通过请吃含有迷药的食品、饮料等方式迷昏受害人，随后在偏僻处、车辆上或旅社里实施抢劫。

【分析】

此类案件较多发生在景点、购物中心、酒吧、车站等公共场所。中国驻某国使馆特别提醒中国公民，在任何场合都应警惕陌生人靠近或搭讪，不食用其提供的食品或饮料，拒绝与其进行直接身体接触；外出尽量结伴而行，避免独处；如不幸被迷昏抢劫，应切记人身安全第一，清醒后立即向当地警方报案，并寻求中国驻某国使领馆协助。

认知：

理解：

典型案例	你当时的心情	对你的触动

准备：

学会做：

本章复盘

◎小问题

回答下面的问题，帮助你理解防“抢劫”能力训练在家庭教育中的必要性。

1.防“抢劫”能力训练的目的是什么?

2.防“抢劫”能力训练首先要做到什么?

3.防“抢劫”能力训练的步骤是什么?

4.防“抢劫”能力训练有哪些要注意的环节?

5.防“抢劫”能力训练有什么效果和表现?

6.防“抢劫”能力训练和掌握知识应该如何区别?

7.防“抢劫”能力训练的方式不同，效果有什么不一样?

8.防“抢劫”能力训练的问题有哪些?

如何做更好的父母

◎收起你的懦弱，摆出你的姿态，培养孩子防“抢劫”能力，不要打击孩子的积极性。

◎就算周边的人（含家庭成员）都否定孩子，你也要相信孩子，不要管别人的看法。

◎很多事是尊重出来的，要相信，世上本没有做不到的事，只有不尊重人，才适得其反。

◎ 不管孩子如何，都可能不被欣赏，总有人认为他不够好，不管别人怎么看，你都不能不注意培养防“抢劫”能力。

“管理好自己”思考题

【反向思维】

◎ 防“抢劫”能力训练没有用，孩子就是不学！

◎ 防“抢劫”能力训练到位了，孩子还是不学！

◎ 我对孩子防“抢劫”能力训练，道不同不相为谋！

◎ 对孩子防“抢劫”能力训练不到位，反而被别人瞧不起！

【正向思维】

◎ 防“抢劫”能力训练之后，心里踏实了！

◎ 防“抢劫”能力训练之后，孩子的能力提高了！

◎ 防“抢劫”能力训练之后，父母与孩子相处更融洽了！

◎ 防“抢劫”能力训练之后，父母与孩子的误会没有了！

与心对话

每日一问：

家庭生活中总有一些磕磕绊绊，很多事情都需要对孩子进行防“抢劫”能力训练，你面对这些问题是怎么解决的？你身边的家庭又是怎么处理的？

请将在家里看到的记录下来：

陶行知说：闻之“道德为本，智勇为用”。欲载岳岳千仞之气慨，必先具谡谡松风之德操，欲运落落雪鹤之精神，必先养皑皑冰雪之心志。德也者，所以使吾人身体揆于中道，智识不致偏倚者也。身体揆于正道，而后乃能行其学识，以造人我之幸福。

让孩子远离性侵害

- 什么是“性侵害”
- 性骚扰、性侵害行为
- 如何避免性侵害
- 帮孩子建立性安全意识
- 预防和杜绝性伤害
- 要及时察觉孩子是否被性侵害
- 发生性侵害的一般防范

什么是“性侵害”

性侵害一般发生在男、女异性之间，一般男性侵害女性、长者侵害少者、强者侵害弱者较多。性侵害是侵害者以权威、暴力、金钱或甜言蜜语，引诱胁迫与另一方发生不情愿的性关系而造成的心理和生理伤害。

性侵害行为包括：猥亵、强暴、性交易、媒介卖淫等。

由于女性和未成年人群处于弱势群体，较易遭受性侵害，应当重视和予以防范。

父母要提早让孩子了解性侵害行为对自己一生的危害和社会存在的情况，掌握一些防备方法，保证孩子健康成长。

不管男孩还是女孩，一旦受到性侵害，都是一生中最大的心理伤害。以往一提起性伤害，大家几乎都认为只是对女孩的伤害，可当今，对男性的性侵害也越来越多。

尤其是社会上出现的所谓“红灯区”“发廊”“足疗”，还有些“路边女”，她们“贼眉鼠眼”地已经开始把视线向男性身上“扫射”，只要我们稍加留意就不难发现：每当有男性路过门前，她们总会发出一种怪怪的声音，这种声音一旦“腐蚀”到孩子身上，孩子就会遭到难以抵制的“性侵害”。

我国法律规定：只要一方通过语言的或形体的有关性内容的侵犯或暗示，从而给另一方造成心理上的反感、压抑和恐慌的，构成性骚扰，性侵害主要是指在性方面造成对受害人的伤害。性骚扰和性侵害严重危害孩子身心健康。

【案例1】

近年来，媒体报道的儿童性侵事件时有发生……

某小学6名就读小学六年级的女生被校长带走开房，直到很晚才被父母找到；媒体报道，花都9岁女孩“小琪”（化名）被离家一步之遥的相熟邻居性侵3年，每个周末都会“乖乖”地主动上门，父母对此竟然一无所知；福建一名年仅6个月大的女婴遭25岁远房堂叔性侵犯，暴行令人发指。

媒体曝光503起性侵儿童案，超过上一年数量的4倍，平均每天超过1起案件发生。受害人群呈现逐渐低龄化趋势，以8岁到14岁的中小学生居多，而且数据仍在上升。

【分析】

据统计显示，全世界约有1.2亿女孩在16岁之前曾遭遇强奸或性侵犯，占比略高于十分之一，而且性侵87.87%来自熟人。

【案例2】

某市中级人民法院发布保护未成年人合法权益的十大案例。其中一起案例为，常州市金坛区某中学教师与其班上一男学生多次发生性关系。

某中学老师黄某（女）任受害人王某（男，2001年生）所在初一某班班主任。

黄某在明知其学生王某未满14周岁的情况下，在3月至8

月间，在家中、宾馆等地多次与王某发生性关系。

案发后，黄某被金坛区检察院以涉嫌猥亵儿童罪起诉至法院。常州市金坛区人民法院审理后最终判决，被告人黄某犯猥亵儿童罪，判处有期徒刑三年。

【分析】

孩子性安全知识的缺乏是造成孩子受到侵害的主要原因之一。通过性安全教育，帮助孩子建立身体底线，是解决这一问题的有效手段。

认知：

理解：

典型案例	你当时的心情	对你的触动

准备：

学会做：

性骚扰、性侵害行为

由于男女两性的社会地位和角色不同，相对而言性骚扰和性侵害的对象一般以女性为多，随着社会的发展变化，女性对年少男性的性骚扰和性侵害逐步增多。因此，无论男性或女性都应多了解一些性侵害和性骚扰的知识，大胆地让孩子接受性教育、了解性知识，使孩子正视性安全问题。

1. 暴力型性侵害

暴力型性侵害是犯罪分子用暴力手段，如携带凶器威胁、劫持，或以暴力威胁加之言语恐吓，从而实施强奸、轮奸或调戏、猥亵等。暴力型性侵害有如下特点：

（1）手段残暴：性犯罪者进行性侵害时，为防止被害者抵抗，往往施行极端野蛮凶残的手段，达到其犯罪的目的。

（2）行为无耻：为达到性侵害的目的，犯罪者往往会厚颜无耻、不择手段地任意摧残和凌辱受害者。

（3）群体性：犯罪分子常采用群体性纠缠方式对被害者进行性侵害。犯罪分子为了达到犯罪目的，往往会纠集同伙作案，这种形式对受害者心理危害极大。

（4）诱发其他犯罪：犯罪分子在性犯罪的同时常常会诱发其他犯罪，如财色兼收、杀人灭口，争风吃醋，聚众斗殴等恶性事件。

2. 胁迫型性侵害

胁迫型性侵害是指利用自己的权势、地位、职务之便，对有求于自己的受害人加以利诱或威胁，从而强迫受害人与其发生非暴力型的性行为。其特点如下：

（1）利用职务之便或乘人之危而迫使受害人就范。

（2）设置圈套，引诱受害人上当。

（3）利用过错或隐私要挟受害人上当。

3. 社交型性侵害

社交型性侵害是指在自己的生活圈子里发生的性侵害，与受害人约会的大多是熟人、同学、同乡，甚至是男朋友。社交型性侵害又称为“熟人强奸”“社交性强奸”“沉默性强奸”“酒后强奸”等。受害人身心受到伤害以后，往往出于各种考虑而不欲揭发。

4. 诱惑型性侵害

诱惑性侵害是指利用受害人追求享乐、贪图钱财的心理，诱惑受害人而使其受到的性侵害。

5. 滋扰型性侵害

（1）利用靠近异性的机会，有意识地接触异性的身体，摸其躯体的性敏感部位，如在公共汽车、地铁、商店等公共场所有意识地挤碰异性等。

（2）故意身着暴露性敏感部位的服装，如暴露胸、臀、生殖器等来滋扰对方。

（3）寻衅滋事、无理纠缠、用污言秽语进行挑逗、做出下流举动进行调逗、侮辱，甚至强拉硬拽等。

（4）女性对男性性骚扰，如常常有不轨女性挑逗男性，主动撩起性敏感部位展示给男性以达到性侵害的目的等。

6. 遭受性骚扰性的时间和场所

（1）夏天是容易遭受性侵害的季节。

夏天天气炎热，夜生活时间延长，外出机会增多。校园内绿树成荫，罪犯作案后容易藏身或逃脱。同时，由于夏季气温比较高，孩子衣着单薄，裸露部分较多，对异性的刺激增多。

（2）夜晚是容易遭受性侵害的时间。夜间光线暗，犯罪分子作案时不容易被发现。

（3）公共场所和僻静处所是容易遭受性侵害的地方。如：教室、礼堂、舞池、溜冰场、游泳池、车站、码头、影院、宿舍、实验室等场所，不法分子常会乘人多拥挤袭击女生；人烟稀少的，如公园假山、树林深处、夹道小巷、楼顶晒台、没有路灯的街道楼边、尚未交付使用的新建筑物内、下班后的电梯内、无人居住的小屋、陋室、茅棚等，若女生单独逗留，很容易遭受到犯罪分子的袭击。

（4）发廊、洗浴中心、足疗店和路边是女性侵害者常常对未成年男性进行性侵害的场所。轻的可以使孩子过早地坠入色情的缠绕，重的可以使孩子由此误入歧途，而耽误了人生美好的前程。

7. 几种常见的性侵害易发区

未成年人的体力智力发育不成熟，认知能力、辨别能力以及反抗能力都比较差，有的甚至缺乏有效监护，因而容易受到伤害，应当受到社会的关注。再者，发廊、洗浴中心、足疗店等是女性对未成年男孩进行性侵害的易发场所，父母应教育孩子回避这些场所，并及时关注和矫正孩子的性知识。

经过对未成年人受性侵害问题的长期关注，发现未成年男性受性侵害案的问题，已经逐步形成沉重的社会话题。

8. 易受性侵害的三类人群

（1）在校学生。校园性侵害使被害孩子受到的伤害和影响巨大，除了身体和精神的双重伤害外，还面临着辍学、转学、厌学等问题。

学校对于教职员工教育和管理的松散，学校安全制度的不健全，是导致校园性侵害案频发的直接原因。

（2）打工妹/仔。那些过早离开校园外出谋求生计的未成年人，同样面临着性侵害的威胁。用人单位提供不安全的住宿环境等因素，容易导致未成年人在打工地受到性侵害，或受操纵成“作案工具”。

（3）留守儿童。大部分留守孩子由于得不到有效监护和全面保护，在受到侵害后又不能及时告诉亲人，因此成为一部分犯罪人性侵害的“目标”。

【案例1】

某分局成功告破一起以介绍工作为名，非法拘禁、强奸、组织4名未成年少女卖淫案，涉案人员共8人，其中5人未满18岁。

4名未成年少女被非法拘禁45天，被迫为犯罪团伙卖淫敛财10万余元。

分局表示，目前涉案的8名成员均已落网，案件主要3名嫌疑人已被刑事拘留，其他5名成员被治安处罚。

【分析】

平时要特别注意，不要到常见的性侵害易发区出游，一旦遇有坏人，务必向公安机关报警，不可自行处理。

【案例2】

某日，某地人民法院依法对4名涉嫌强奸、猥亵未成年人的被告人进行集中宣判。

经查证，张某喜将邻居家的未成年女童骗至偏僻地段，以暴力威胁等手段对其进行猥亵。

张某喜被人民法院一审判处有期徒刑3年。另外3名被告人陈某州等也因为强奸、猥亵未成年人被分别判处有期徒刑。

刑事判决生效一个月后，司法机关的门户网站、微信公众号、微博等向社会公开了这4人的信息并禁止其从事与未成年人密切接触的工作。

【分析】

调查显示，针对性侵害，在经济欠发达地区，农村留守女童受害者多；经济发达地区，流动女童受害者较多。这说明家长对儿童的监护作用巨大。另外，性侵害更多为熟人作案，如教师、邻居、亲戚（父亲、哥哥、表哥、继父、祖父等）、父母的朋友等。对此要对孩子有明确的教育：不论什么人，都不可以摸或者看你的隐私部位，一旦发生就要告诉爸爸妈妈，爸爸妈妈会保护你。

认知：

理解：

典型案例	你当时的心情	对你的触动

（续表）

典型案例	你当时的心情	对你的触动

准备：

学会做：

如何避免性侵害

（1）不要贪图小便宜。未成年孩子要对一般异性的馈赠和邀请婉言拒绝，以免因小失大。

（2）谨慎待人处事。对于不相识的异性，不要随便说出自己的真实情况，对自己特别热情的异性，不管是否相识都要倍加注意。

（3）发现某异性对自己不怀好意，甚至动手动脚或有越轨行为，一定要严厉拒绝、大胆反抗，并及时向学校有关领导和保卫部门报告，以便及时加以制止。

（4）不要光顾不正常的发廊、洗浴中心、足疗店，特别注意不要和路边陌生女性搭讪闲聊。

（5）行为端正，态度明朗。只要自己行为端正，坏人便无机可乘。教育孩子遇事要态度明朗，打消对方念头，尽力使其放弃念头，切忌模棱两可，怕得罪对方等。若态度暧昧，模棱两可，对方就会增加幻想、继续纠缠。在拒绝对方的要求时，要讲明道理，耐心说服，一般不宜嘲笑挖苦。恋友之间，中止恋爱关系后，若对方仍然是同学、同事，不能结怨成仇人，在节制不必要往来的同时仍可保持一般正常往来关系。参加社交活动与男性单独交往时，要理智地有节制地把握好自己，尤其注意不能过量饮酒。

（6）用法律保护自己。对于那些失去理智、纠缠不休的无赖或违法犯罪分子，千万不要惧怕他们的要挟和讹诈，不要怕他们打击报复，要大胆揭发其阴谋或罪行，及时向领导和老师报告，学会依靠组织和运用法律武器保护自己。

【案例1】

某区人民检察院依法批准逮捕一名猥亵儿童的男子。这起猥亵案件的数名受害人均为不满14周岁的在校小学女生。

经查，犯罪嫌疑人郑某利用QQ聊天软件，使用不同QQ号码添加多名在校女生为好友，首先通过冒充同龄女生，在聊天过程中以相互交流自身发育情况为由，骗取对方裸照。

骗到对方裸照后，郑某又用另一个号码以发布被害人的裸照相威胁，胁迫被害人和其见面，多次将被害人带至KTV、学校、公园等处，强行对被害人进行猥亵，并在猥亵过程中拍摄了大量被害人裸照和不雅视频，给数名正处于青春期的未成年在校女生造成了巨大的身心伤害。

【分析】

遇事千万不能“私了”，“私了”的结果常会使犯罪分子产生新的犯罪念头，甚至得寸进尺。

【案例2】

某公交车上，一名男子趁前座女孩低头养神时，从椅子缝隙伸手偷摸女孩。女孩发现后，立马站起来向司机师傅大喊：“师傅，后面有人摸我。”男子突然起身，扒开窗户想往外跳，被司机制服。

【分析】

平时遇有性冒犯，要敢于说“不”，不敢开口说“不”，只会让坏人乘虚而入、得寸进尺。

认知：

理解：

典型案例	你当时的心情	对你的触动

准备：

学会做：

帮孩子建立性安全意识

父母首先要让孩子认识自己的身体，知道各部位的名称，并知道哪些部位是最重要的、最隐私的，不能随意看和触碰。对于孩子们来说，隐私部位是一个新的概念、新的知识，如果他们没有建立正确的危机意识，这些概念、知识就像是没有基础的大楼，无法真正保护他们的自身安全。

那么，如何建立孩子的性安全意识？父母需要做的，其实就是在日常生活中多多提醒几句，在什么情况下存在哪些危险情况和危险的人，帮助孩子建立正确的危机意识。

有的父母可能会发现，提醒孩子可能存在的危险后，孩子遇到任何人都可能有害怕的情绪。在提醒孩子危险的同时，父母也应当把危险进行界定，最关键的是，遇到任何危险和伤害，孩子要告诉父母，让父母知情。

【案例1】

一辆公交车上，一名45岁的中年男子胡某公然对一名小学女生搂搂抱抱、上下其手。

同车的乘客发现后立即报警。当警方到达现场调查时，女孩竟为坏人辩解："我认识他，我俩是好朋友。"

面对警方的问询，胡某经常给女孩零食或钱，女孩因此觉得他们是"好朋友"，从而掉入胡某的"猥亵陷阱"。

【分析】

未成年人由于缺乏相关的生理卫生知识，对性侵害犯罪的认知能力以及行为辨别能力较低，性侵害犯罪实施行为人容易采取引诱、哄骗等手段对未成年人实施性侵害犯罪，未成年人也无法意识到这到底是不是性侵害犯罪。

【案例2】

某学校39岁体育老师性侵13岁女学生。

两人曾在超市地下停车库、学校办公室发生关系。涉案教师已被逮捕，目前案件正处于法院审理阶段。

据女孩的妈妈透露，女生一开始对于与老师之间发生的种种并不太懂，时间久了她才觉得很可恶很反感，觉得自己的一生都被李某毁了。

妈妈说：事情发生后，女儿身心发生了很大的变化，肚子经常疼痛并查出来盆腔积液，经常不吃饭不睡觉，精神恍惚。

母亲曾带女儿去看过心理医生，女儿曾透露出轻生念头。

【分析】

未成年人在遭到性侵害犯罪后，受害者在日常生活中往往会产生心理障碍，主要表现为精神惶恐不安、噩梦不断等症状，有的会出现抑郁症等情绪障碍，甚至还会引发精神问题，最后自己结束生命。而在这一阶段所受到的心理创伤如果没有得到及时有效地引导，其带来的影响会一直延续到成年后，导致性冷淡、性关系障碍以及社交冷淡等，给正常的婚姻、工作、生活带来不可估量的消极影响。

作为父母，要告诉孩子：无论发生什么父母都会支持你、保护你。遇到任何危险和伤害，有任何情绪，都要告诉父母，都可以到父母这里得到安慰。

认知：

理解：

典型案例	你当时的心情	对你的触动

准备：

学会做：

预防和杜绝性伤害

父母要及早告诉孩子不能让任何人将手伸到裤子、衣服里面摸自己。这一点，对亲属、老师也不能掉以轻心。要告诉孩子：

（1）不能听信来学校接你的陌生人，并一定要向老师报告，由老师来确认陌生人的身份。

（2）在没有家人的陪伴下，不要单独去帮陌生人带路、买东西、找人，更加不要上陌生人的车。

（3）如果父母不在家，突然来了陌生人，如快递员、客人、修理工、送水的人等千万不要随便开门，在室内最好不要发出声音或给父母打电话，要等敲门的人离开，然后打电话告诉父母。

（4）不要一个人去别人的家里。如果在别人家里感觉到奇怪的现象，如电视、电脑播放光身体的人，或者对方家里人躺在床上让孩子过去时，要及时找理由离开回家。

（5）如果在公共场合有人摸自己的身体，一定要第一时间告诉父母，或者大声制止对方，不要害怕，更不能因为害羞而不敢作声。

（6）可以对坏人撒谎来保护我们自己。

【案例1】

某市中级人民法院依法不公开开庭审理了被告人刘某奸淫幼女案。

经查证，54岁的刘某将一4岁女童带走一夜。

次日，刘某将女孩送回到家时，她全身多处是伤，裤子上血迹斑斑，趴在被窝里一动不动。

经送医检查后确定女孩为下身严重撕裂，多个内脏器官严重感染。

女孩父亲称，邻居刘某以前还来家里吃过饭，事发当天刘某骗女孩说带她去找奶奶，将其带走。可能正因为邻居的身份，让大家都放松了警惕。

在公开报道的301起案例中，熟人作案高达212起，占比70.43%，其中，邻居作案24起，占比11.32%。

【分析】

刘某不顾女孩的反抗，采用暴力手段猥亵并强奸女童，致其身体三处重伤二级，其中一处九级伤残、二处十级伤残。其原因是孩子小，不敢说，也不懂怎么办，致使犯罪分子得逞。孩子小时，父母要尽心尽责地给予监护。

【案例2】

因学校离家不远，11岁的小悦每天独自回家。一天下午，小悦一个人走在回家路上，一个骑车人经过她身边，停了下来问小悦附近厕所的位置。

小悦好心告诉了对方位置，可对方表示怕找不到，善良的小悦就同意带对方前往。在一栋楼前，对方要求一起上楼找，小悦毫不犹豫地跟着上了楼。到了一僻静地方，对方竟一下子捂住小悦的嘴，将她的衣服剥下后实施了强奸行为。后因他人报警，男子被警方抓获。

【分析】

施害人利用儿童贪玩、贪吃、害羞、胆小、单纯、没有警戒心等特点，以玩具、食物、玩耍、问路、给零花钱等手段诱骗女童到其住处或隐蔽处进行性侵，或者直接采取强暴方式。防范此类事件的关键在于提高儿童的安全意识，对于陌生人的话不听、不信，可以指路不能带路，不要陌生人给的东西，避免和陌生人独处。如遇到有人纠缠、拦截一定要往人多的地方跑，走不掉时就大声呼救。

认知：

理解：

典型案例	你当时的心情	对你的触动

准备：

学会做：

要及时察觉孩子是否被性侵害

孩子受到性侵害的反应很多，一般有：

（1）突然噩梦连连，难以熟睡。

（2）厌食或暴食、情绪低落、极度自卑、甚至有自暴自弃或自我伤害的行为。

（3）对人开始不信任、触及其身体的反应异常强烈。

（4）身体成长缓慢、经常过度紧张害怕、神情恍惚。

（5）注意力难以集中、学业明显下降。

（6）突然懂得了与自己年龄不符的性知识。

（7）行走别扭、常有下体疼痛的感觉或常说下体痛，或下体经常发炎等。

【案例1】

某市民赵先生一家自搬到某小区起，其7岁的女儿小琳（化名）便出现精神恍惚，情绪低落，夜里睡觉多次被噩梦惊醒，在校表现也受到了很大的影响。

老师在小琳的学习评价表中也表示孩子上课总是走神，变得沉闷，不再大声说笑了。

直到某天晚上，小琳情绪崩溃并且大哭，经妈妈仔细询问后，小琳才将真相说出。

搬到新家后，小琳一直遭到隔壁超市工作人员刘某某的猥亵，达数十次。

赵先生得知情况后报了警，警察调取了监控，并逮捕了刘某某。

【分析】

在性侵后，作案人往往以恐吓、欺骗或给予好处的方法，使受害儿童不敢声张，不敢或不好意思告诉父母。在以往的性侵案中，只有极少数被侵害儿童主动说出被侵害事实；其余大部分都是父母发现孩子的反常表现或身体变化，进而发现被性侵的事实。父母要了解这些反常和变化，及时发现，立刻报警和做好孩子的身心健康工作。

【案例2】

就读于某小学一年级的叶某，被父母寄托在学校附近的由张某及其妻子开办的午托班。

午托期间，叶某说过几次下身不舒服，叶某的妈妈黄某检查发现女儿下身阴部红肿，但不知道具体原因，并没有当回事。

直到叶某连续几天说下身不舒服，黄某检查再次发现红肿，此时，叶某才告诉母亲，午托班张爷爷经常带她到小房间捏她的下身……

黄某这才意识到，女儿被猥亵了，随即向公安机关报警。经查，这个午托班有多名女童遭到猥亵，叶某只是其中一个……

【分析】

“直到叶某连续几天说下身不舒服”，叶某的妈妈还不知怎么回事？父母生活知识和经验太欠缺！

据报道，2014 年一人对多名未成年人实施性侵害的案件达78起，占15. 51%，2017 年该比例超1 /4；2014 年一人多次对未成年人实施性侵害的累犯案件为135起，占 26.84%，2017年数据显示性侵者多次作案占31.75%。与2014年相比，这两项的比例均有大幅上升，这说明了性侵儿童案件的隐蔽性，在没有外界干预的情况下，作案者不会自动终止。家长一定要提高警惕，保护好、教育好自己的孩子，自己也要多学习相关知识，能够及时发现孩子的异常，制止犯罪行为进一步发生。

认知：

理解：

典型案例	你当时的心情	对你的触动

准备：

学会做：

发生性侵害的一般防范

一旦遇有性侵害发生，务必做到：如果附近有很多人，一定要大喊："救命！我不认识你！"如果附近人很少，一定要先想办法离开，去人多或者安全的地方；如果他已经用暴力侵犯，要记住：生命是最重要的，可以先记住对方的长相，脱险后迅速告诉父母或警察：

性教育内容主要包括以下几个方面。

（1）性生理：两性生殖器官的名称、结构、功能、性器官卫生保健知识，女生月经、男生遗精等青春期发育知识，自慰、性交、怀孕、避孕知识、人工流产对身体的伤害、艾滋病、性病的防范等。

（2）性心理：性角色，两性心理差异，青春期心理发展特点，性欲调控，性变态，同性恋等。

（3）性伦理：（性道德与性法律）要尊重自己与他人的隐私。

（4）性安全知识：如何防范性侵害。

（5）异性交往礼仪、沟通技巧。

（6）男女平等观念。

（7）恋爱、婚姻的权利责任和义务等。

要及时补充性知识。如给男女生都要讲男生遗精，女生月经。打消孩子对异性神秘感，满足孩子性心理发育的需要，激发神秘、回避性的愉悦，让孩子从小就追求“性”的幸福感，以达到保护自己的目的。

（8）保护性安全要做好的9件事。

①凡背心、裤衩覆盖的地方，不许别人碰。

②任何人的任何行为，只要让你感到痛或不舒服，就立刻反抗，要敢于说“不”。

③孩子外出，应了解环境，尽量在安全路线行走，避开荒僻和陌生的地方。

④晚上女孩外出时，应结伴而行，尤其是年幼女孩外出，父母一定要接送。

⑤女孩外出要注意周围动静，不要和陌生人搭腔，如有人盯梢或纠缠，尽快向人多处靠近，必要时要呼叫。

⑥女孩外出，随时与父母联系，未得父母许可，不可在别人家夜宿。

⑦应该避免单独和男子在家里或是宁静、封闭的环境中会面，尤其是到男子家中。

⑧不随便喝陌生人给的饮料或食品。

⑨独自在家注意关门，拒绝陌生人进屋。发觉有陌生人进入应果断开灯求救。

在全国两会委员座谈会上，多位代表委员建议：将“女童保护”“儿童防性侵教育”纳入学校的必修课，加大对儿童性侵案熟人知情不报处罚力度。

面对性侵儿童案件的高发态势，一方面要完善相关的法律体系，加大对猥亵和性侵儿童犯罪分子的打击力度，量刑一定要从严；另一方面，将儿童防性侵内容写进教材，学校要加强对学生的教育力度。

对于熟人作案比例居高不下的现状，胡某指出，还要继续执行强制报告制度，“只要有人发现，就应及时向公安机关报告。如果熟人和知情人不报告，也要加大对熟人和知情人处罚的力度。最后还要培养一支社会职工队伍，对受到性侵和猥亵的儿童造成的心理创伤，及时进行心理辅导，使他们能够很好地走上社会。”

对于熟人作案，尤其是教职工性侵未成年人案例屡有发生的现象，全国人大代表、广东某律师事务所主任朱某表示，一些中小学生对如何保护自身基本权利不受侵害的重视程度还不够，尚有一些具体措施还未落实，初中、小学等教育机构，应当有更细致的规定加以限制。当幼童权利遭受侵害时，要告诉他们及时主张自己的权利，如学校里开设举报电话或设置专门部门保护他们，主动关怀、做心理辅导，把损失降到最小。

“保护未成年人免受性侵需要全方位发力，应该形成由社会、国家、学校再到家庭层面的一套完整体系。”全国政协委员、北京某律师事务所律师刘某说："关注技术变革带来的危害，比如，利用互联网诱使未成年人裸聊、传播儿童色情视频，加大对性侵前科人员数据库的建设。"

在学校层面，要建立儿童防性侵教育体系，向未成年人教授相关知识，将相应课程纳入必修课，同时建立防性侵干预机制，对通常的猥亵和性骚扰，要积极予以干预。

全国人大代表赵某长期关注乡村，他发现农村地区遭遇性侵的儿童普遍存在困境。例如，受害者在取证环节不太愿意配合，家长、学校碍于面子和声誉，不希望性侵事件被公布。

因此，对受害当事人的教育一定要跟上，让他们大胆地指证犯罪分子，同时，要把儿童防性侵教育纳入九年义务教育的教材中，教材的遴选、设计要经过专家的研讨（图6）。

认知：

理解：

典型案例	你当时的心情	对你的触动

准备：

学会做：

本章复盘

◎小问题

回答下面的问题，帮助你理解性健康教育在家庭教育中的必要性。

1.性健康教育的目的是什么？

2.性健康教育首先要做什么？

3.性健康教育的步骤是什么？

4.性健康教育内容有哪些？

5.性健康教育有什么效果和表现？

6.性健康教育与孩子健康成长的关系是什么？

7.性健康教育的方式不同，其效果有哪些不同？

8.男女之间性健康教育存在哪些问题？

如何做好性健康教育

◎不要因为怕别人笑话而不愿意进行性健康教育。

◎就算周边的人（含家庭成员）都否定，你也要坚持对孩子进行性健康教育，不管别人的看法，要记住：别人的话不过是阳光里的尘埃，下一秒就被风吹走。

◎脚下的路是自己走出来的，总是犹豫不决，不如勇敢地踏出一步，坚持性健康教育，家庭就会更加和睦。

◎性健康教育不管你如何尽心尽力，都有可能不被欣赏，总有人认为孩子大了，自然会懂得，你要坚持不管别人目光，绝不能放弃。

“管理好自己”思考题

【反向思维】

◎性健康教育没有用，孩子不愿意听！

◎性健康教育到位了，孩子小听不懂！

◎孩子与大人在性健康方面，道不同不相为谋！

◎和孩子沟通性健康很丢人，总怕被孩子瞧不起！

【正向思维】

◎性健康教育之后，家庭和睦了！

◎性健康教育之后，孩子各方面都提高了！

◎性健康教育之后，父母与孩子相处更融洽了！

◎性健康教育之后，父母与孩子的误会没有了！

与心对话

每日一问：

家庭中在性健康教育方面总有一些磕磕绊绊的冲突点，很多方面都需要沟通，你面对这些家庭状况是怎么解决的？你身边的家庭又是怎么处理的呢？

请将你家庭生活中的所见、所想记录下来：

参考文献

[1]迈克尔·W.阿普尔.意识形态与课程[M].黄忠敬译.上海:华东师范出版社,2001.

[2]PIERRE B,JEAN-CLAUDE P. Reproduction in education, society and culture[M]. London,Eng:Sage Publications Ltd.1990.

[3]保罗·弗雷尔.被压迫者教育学[M].顾建新,赵友华,何曙荣译. 上海:华东师范大学出版社,2001.

[4]JEAN J. Studies in Socialism[M]. New York:Wentworth Press,2019.

[5]陶行知.陶行知全集[M].成都:四川教育出版社,2005.

[6]陶行知.中国教育改造[M].上海:上海亚东图书馆,1928.

[7]徐德春.做学教ABC[M].上海:上海世界书局,1929.

[8]陶行知.中国大众教育问题[M].上海:上海大众文化社,1936.

[9]陶行知.行知书信[M].上海:上海亚东图书馆,1929.

[10]陶行知.行知诗歌集[M].上海:上海儿童书局,1933.

[11]陶行知.行知诗歌前集[M].上海:上海儿童书局,1935.

[12]陶行知.行知诗歌三集[M].上海:上海儿童书局,1936.

[13]陈青之.中国教育史[M].北京:中国社会科学出版社,2009.

[14]孙培青,杜成宪.中国教育史[M].3版. 上海:华东师范大学出版社,2008.

[15]王陆.虚拟学习社区原理与应用[M].北京:高等教育出版社,2004.

[16]莱斯利·P.斯特弗. 教育中的建构主义[M].高文译.上海:华东师范大学出版社,2002.

[17]日本筑波大学教育学研究会.现代教育学基础[M].钟启泉,译.上海:上海教育出版社,2003.

[18]ROBERT M G,WALTER W W,KATHARINE G,et al. 教学设计原理[M].王小明,庞维国,陈保华等译.上海:华东师范大学出版社,2007.

[19]周文彪.生活创新教育[M].北京:新世界出版社,2013.

[20]侯怀银,张宏波.社会教育解读[J].教育学报,2007:3-8.